創造する
ブレンドコーヒー
技術

『Bespoke Coffee Roasters』畠山大輝 著

ブレンドで新しい香味を創り出す
豆選び・焙煎・配合・抽出の最新テクニック

旭屋出版

新しいブレンドコーヒーを知ってほしい

　僕がブレンドコーヒーに関わるようになったのは、2019年のバリスタの日本大会の時でした。
　当時は、やむを得ずに、という感じで始めたことでした。しかしこれが面白く、ハマってしまいました。当時も今も、バリスタの間で最高評価のコーヒーといえば、シングルオリジンという時代です。でも続けるうちに、僕の中ではブレンドの方がシングルオリジンよりも全然いいと思うようになりました。
　コロナ禍もあって、なかなか形として世間に示していくことができなかったのですが、コロナ後から、その時々の僕の表現したいブレンドを毎月発売する「イノベーティブブレンド定期便」を始めたところ、急に評判が良くなりました。それで、これは行けるな！とブレンドの良さを伝えることに自信を深めました。以来、機会を見つけては、ブレンドの楽しさ、おいしさを言うようになりました。

　でも、店に来られるお客様の中には、今だに「何でブレンドしか出さないの？」「シングルオリジンはないの？」と聞かれることがあります。それは、僕がお勧めするシングルオリジンが飲みたいという意味で、悪気があって言っていることではないのはわかるのですが…。

　ブレンドのこと、もっと伝えていきたい。
　どんな意図でブレンドを作っているかを分かってほしい。
　表現の一つとしてのブレンドがるということを知ってほしい。

　本書では、そういう想いを込めました。
　最近では、シーズナルブレンドなどの形で、ブレンドに取り組むお店もちらほらと見られるようになりました。バリスタの大会でも、ブレンドを採用する競技者が見られるようになりました。ブレンドを注目する人が、少しずつですが増えてきているなと感じています。
　ブレンドの味づくりはクリエイティブで、アートを感じます。ブレンドの新しい楽しさ・魅力を感じていただき、取り組んでみてください。本書がその一助になれば幸いです。

007

創造するブレンドコーヒー技術 <目次>

006 新しいブレンドコーヒーを知ってほしい
012 凡例

013 <chapter 1> コーヒーの仕事に携わる

014 コーヒーへの取り組みと、本書の特徴について
　　コーヒーとの出会い
　　自家焙煎を始める
016 競技会と抽出技術
017 ついに史上初の2冠達成
　　ブレンドに目を向ける
018 焙煎と抽出の立場から

019 <chapter 2> ロースターの仕事と、バリスタの仕事

020 焙煎と抽出の仕事の違いについて
　　なぜ両方の仕事をやるのか
　　ロースターのスキルと視点
022 バリスタのスキルと視点
023 ロースターとバリスタが分かり合えないのは

025 <chapter 3> 僕が考えるブレンドとは

026 シングルオリジンを超える味わいの可能性
　　おいしいコーヒーを追求した先に
027 複雑さを出すにはどうするか
028 「昭和のブレンド」との違い
029 細分化が進んだ先にブレンドが

boxed article

034 カッピングの準備	086 2バッチ目「ケニア」浅煎り 3kg
カッピングの手順	096 抽出「基本のレシピ」
047 畠山氏のブレンドづくりの流れ	101 アレンジバージョン「世界大会仕様」
051 具体的なブレンドの作り方	105 味の微調整法
082 焙煎の実例	106 「適正に焼けていない豆」の
083 1バッチ目「ケニア」深煎り 3.5kg	リカバリー法

031 <chapter 4> カッピングの技術

032 カッピングとは

カッピングの基本知識

カッピングでもブレは出る

033 実際のカッピング

037 豆の仕入れ

豆選び

最も重視するのはフレーバー

038 豆の仕入れについて

040 ハンドソーティング

041 <chapter 5> ブレンドの新しい技法

042 ブレンドの可能性と新しい技法

ブレンドが再度はやりはじめた理由

これまでのブレンドの考え方

043 ブレンドは時代の要請

044 全く新しいブレンド

基本的なブレンドの方法

046 ブレンドの配合比率について

048 ブレンドのコツ

『Bespoke Coffee Roasters』のブレンドコーヒー

050 ブレンドによって、多彩な魅力を生み出す

ブレンドづくりの悩み

054 ブレンドづくりのポイント

055 イノベーティブブレンド　味わいの特徴・ブレンド内容

056 Don't Know Why Blend (City Roast)

057 Fruity Honey Blend (Medium Roast)

058 シュトーレンブレンド（City Roast）

059 Sachertorte Blend (City Roast)

060 Hellow Halloween Blend (City Roast)

061 五福（Medium Roast）

062 Chocolat "Noir"（City Roast）

063 Fresh&Fragrance Blend　2024.3（浅煎り）、2024.4（深煎り）

064 水菓茶（Medium Roast）

065 Geisha Blend #75（Medium Roast）

066 豆ニモマケズ　2024.6岩手（Medium Roast）

067 <chapter 6> コーヒー焙煎の理論と技術

068 焙煎の基本と考え方

焙煎の基本

焙煎の目的

豆の産地情報を知る

069 まず、手と鼻と目で確認

サンプルロースト

070 プロファイル作成

072 基本の焙煎

074 焙煎の実践

076 豆のネガティブ要素とは

077 ネガティブ要素への対応

078 味づくりの注意点

079 豆のポジティブ要素とは

シングルオリジンとブレンドの焙煎

080 アフターミックスとプレミックス

089 ＜chapter 7＞ 抽出の理論と技術

090 抽出の知識

抽出とは

微粉への対応

091 味の出方の仕組み

092 焙煎によるディフェクト

ブレンドとシングルオリジンの抽出法

093 ブレンドの挽き目

094 事前準備

抽出器具について

095 使用する水（硬度について）

使用する水（水質と地域差）

100 湯温に関して

111 巻末資料

112 ドリッパーの基礎知識

114 フィルターの種類と基礎知識

116 ドリップポットの選び方

122 おわりに

124 お店紹介

125 著者紹介

126 奥付

＜本書をお読みになる前に＞

●本書は、著者・畠山大輝氏がコーヒーにおいて実践されている、ブレンドの技術・焙煎の技術・抽出の技術をご紹介したものです。

●焙煎の技術では、使用する焙煎機や焙煎機の置かれた環境によって、焙煎の内容は左右されますので、それを念頭に置いた上で参考にしてください。

●抽出の技術では、実際に畠山氏が行っているレシピにもとづいた手法をご紹介しています。

●P56〜66は、畠山氏が「イノベーティブブレンド」として過去にリリースしたコーヒーの特徴とブレンド内容をご紹介したものです。

●P124のお店の概要は、2024年9月現在のものです。

デザイン：1108GRAPHICS　取材・文：大畑加代子　撮影：後藤弘行

chapter 1

コーヒーの仕事に携わる

まず最初に、これまでに僕自身が
どのようにコーヒーの世界に関わってきたか、
その中で、なぜブレンドに関心を
持つようになったのかをお話しします。
そのなかから、僕が感じてきたことについても、
ご紹介していきましょう。

コーヒーへの取り組みと、本書の特徴について

スペシャルティコーヒーが注目され、家庭でも高品質のコーヒーを飲む機会が増えた昨今、コーヒーの初心者のかたに向けた詳しい内容の本がたくさん出版されるようになりました。バリスタの書かれた本も数多く見られます。そうした中、本書は、主にプロのバリスタや焙煎士を対象にした内容になっています。詳しくは本章以降にゆずりますが、タイトルでも分かりますように、「ブレンド」に関する技術書です。

なぜそうした本を出そうと思ったのか、本書の特徴はどこにあるのか。冒頭から少し長くなりますが、僕がこれまでに取り組んできた仕事の流れの中から、本書ならではの個性を感じていただければと思います。

コーヒーとの出会い

僕は最初からずっと、美味しいコーヒーを求めていて、そこからいまのキャリアへとつながっている感じです。

僕がコーヒーに興味を持つようになったのは、家でコーヒーを飲んだ時、数回に一度「今回はおいしいね」というコーヒーが出てきたことでした。僕は当時、派遣会社からの仕事を辞めてニートで家にいたのですが、コーヒーを購入してきた家族に聞くと、どうやらスペシャルティコーヒーというジャンルのものらしいと分かりました。そこで買ってきた店を聞き出し、その店に通うようになったのです。

そのお店はオンデマンドで焙煎をするスタイルでした。店内には生豆がずらっと置いてあり、その中から、この豆をと指定すると、その場で焙煎して渡してくれるようなところでした。

その店でおいしいコーヒーをたくさん飲める

ようになった頃、今度は焙煎の度合なども変えられると教わりました。例えばタンザニアの深煎りがあって、タンザニアは苦いものなんだと思っていたら、実は浅煎りでも焼けるといった話を聞きまして。焙煎度合によって全然違うおいしさになるという体験をして、なんか面白いと思ってその店に通っていました。

そのうちに、その店の店長さんに、支店を新しく出すので、コーヒーに興味があるようだし、ニートでふらふらしているなら働いてみないかと言われ、未経験でアルバイトを始めました。

そしてオンデマンドの焙煎屋さんに勤務することになりました。そこではボタンを押すだけで、自動的に豆が焼き上がるので、焙煎度合と味の変化について多くの体験することができました。

しかし、焙煎自体や味作りに興味のあった僕には、もっと自分の味をこだわって作っていきたいといった、ちょっとしたジレンマを持つようになりました。

自家焙煎を始める

2014年、お店で一緒に働いている同僚が、ラテアートの競技会に出ると聞きました。僕はラテアートはできなかったので、他に自分ができるもので出場できる競技会はないか探したところ、ハンドドリップとか出れそうな競技会にあることに気付きました。

そのことをきっかけとして、お店で働きながら、美味しいコーヒーを求めて色々なお店を飲み歩くという時期が、1年少々続きました。そして最終的に、美味しいコーヒーを求めていくと、結局自分で豆を選択して自分で焼くのが一番近

そうだという結論に至り、自家焙煎をやらないとだめだと思うようになりました。

そこで焙煎機を購入する資金を効率よく稼ぐため、店を辞めて派遣会社の仕事に戻り、働きながらお金を貯めました。やっと焙煎機を購入できたのは、約1年後の2016年の年末。フジローヤルの1kgの焙煎機で、働いていた店にあったものよりも全然小さいやつです。

しかし焙煎機を買ったはいいけれど、全然美味しく焼けない。これまで自動でやっていたので、同じような感じでやれば焼けるだろうと思っていたのですが、店のものより全然マズいという状況に陥ってしまいました。要するに焙煎のことを何も知らないのに、焙煎機を買ってしまったのです。もう何も分からない状態で、ひたすらマズい豆を生み出し続けるという、そんな始まりでした。

焙煎機を買ったタイミングで一度派遣の仕事をやめて、コーヒー店でアルバイトをしていました。「サザコーヒー」大宮店で朝だけ1年バイトし、エスプレッソやラテが淹れられるようになったのは収穫でした。

この頃から、色々な人のプロファイルを見たいと思うようになりました。旭屋出版の焙煎の本で勉強したのもこの頃です。色々勉強して焼いてみるけれど、結局ベースとなる焙煎機が違うので、自分でオリジナルのプロファイルを作るしかない。ダンパーって皆こんな風に使っているのか、豆の投入温度ってもしかしたら重要かもとか、本からはエッセンスを学んで手探り

で焼いていました。今思えば、なんて遠回りしたんだろうと感じます。

競技会と抽出技術

　豆を焼いてはがっかりする日々を過ごす日々ではありましたが、2017年にSCAJのJBrC（ジャパンブリューワーズカップ）初参加で予選を抜けて、いきなり決勝に出ることになってしまいました。その当時、決勝では競技が2種類あって、予選の種目は主催者側が豆を提供してくれて、それを美味しく淹れるというもの。日々マズい豆を生み出し続けていた僕からすると、大会が提供してくれる豆は簡単に美味しくなりますよ、という感じで淹れたら、案の定予選を抜けられました。

　決勝にいくと、予選と同じで提供された豆を淹れるという競技に、それ以外に自分で豆を持参し、それをジャッジに向けてプレゼンテーションしながら美味しく淹れるという種目が追加になっていました。

　その種目は自分で豆を持ち込みできるので、COEという品評会で1位をとった豆や、（あるとしたら）世界で一番おいしい豆を選んでくることもできる訳です。そこで問題になってくるのが、豆を用意しなきゃいけないのに、おいしく焼けないっていうところなんです。それは何度も検証し何とか形になって、結果的に2017年は3位でした。この年のその他の大会は、JHDC（ジャパンハンドドリップチャンピオンシップ）が8位、JCTC（ジャパンカップテイスターズチャンピオンシップ）が2位という成績でした。

　この頃は、焙煎と合わせてハンドドリップ技術も学んでいました。日々生み出し続けるマズい豆を、捨てるのはさすがにもったいないので、どうにか活かして飲まなければと思っていました。

　何回も何回も、どうにかして飲めるようにならないかと試行錯誤していたら、なんかこうやっ

て淹れると嫌な味が出にくいといった、ある法則に気付き出したんです。そこでどのタイミングで嫌な味がでているのかと細かく細分化して検証していったら、なにか色々分かってきました。挽き目を変えたり、湯温をコントロールしたり、ということをしてあげると、割とおいしくなりそうだというのが見えてきて、そうこうしているうちに抽出の技術がだんだん上がっていきました。

2017年当時はそんな感じだったのですが、同時にやはり焙煎が重要だなということに気付きだすんです。抽出でマズい豆を美味しく淹れることもできるけれど、元がよければもっと美味しいんじゃないかと。当たり前の思考なんですけど。

もっと焙煎を頑張らなきゃいけないと思ってやり続けていたのですが、2018年は競技会予選全部落ちてしまいました。この時は完全に天狗になっていたんですよね。単純に気のゆるみがもたらしたという感じのミスばかりだったので、もうすごい落胆していました。

同年に仲良くしていた新座の「近藤コーヒースタンド」の近藤さんが、「ジャパンブリューワーズカップ2016」で2位に。たまに練習にお付き合いしていたりした彼に、実績がでたのはうれしかったのですが、その一方、僕も本気を出せば優勝できるんじゃないかと思って、一気にスイッチが入りました。お金も時間もちゃんとかけられるように、ここでまた派遣の仕事に戻ってお金を貯め始めました。

ついに史上初の2冠達成

2019年は、派遣を継続しながらコーヒーを焙煎したりしていました。ギリギリまで派遣の仕事を続けて、それでもお金が足りず、最後は決勝大会で使う豆を買うために借金もしました。

実は、2018年からコーヒー豆の販売を開始していたのですが、びっくりするぐらい売れませんでした。そしてあるマルシェに出店した時、印象的な出来事がありました。

そのマルシェで僕は、ブリューワーズカップ全国3位の実績を売り場に掲げていたのですが、カップル2組で歩いてきた女の子が、「すごいじゃん、飲んでみようよ」と言ってくれたのですが、彼氏の方が「1位じゃねえじゃん」と。

滅茶苦茶腹が立ったのですが、世間の目ってそうなんだ、やっぱり違うよなと思って、俄然、やる気に火が点きました。そういう経験もあったので、最悪優勝したら賞金で返せると思って、借金したりしました。

そして2019年、ついにSCAJ主催のJHDCとJBrCで優勝し、史上初の2冠を達成しました。頑張ったらいけるかも、優勝できるなって思ったら本当にできました。到達不可能だと思ったらそこに向かっての努力は難しい。でも頑張ったらいけるかもって思うから頑張れた、そんな感じでした。

ブレンドに目を向ける

ブレンドに注目したのも、2019年の大会がきっかけです。

当時からシングルオリジンは注目の的で、派手な味わいの豆や酸に個性のある豆が話題になっていました。そうした豆を使うことで、審査員の印象が良く、成績も有利になると言われていました。

ところがそうした豆は非常に高価で、僕には手に負えませんでした。その結果として、ブレンドに目を向けることになったのです。

豆をブレンドすることで、シングルオリジンの豆にはない、複雑で個性的な味わいが思うように出せることに気が付き、シングルオリジン全盛ともいえる中、それに対抗するわけではないのですが、僕はブレンドの魅力を訴えるようになり、現在に至っています。

ここでいう「ブレンド」とは、昔からある「喫茶店のブレンド」とは異なるタイプのコーヒーです。その特徴と魅力につきましては、3章で詳しく解説しています。

焙煎と抽出の立場から

ところで、僕が世間から注目を浴びるようになったのも、2019年の「史上初の2冠達成」でした。ハンドドリップとブリューワーズでの優勝でしたから、バリスタ出身と思われるかたも多いかもしれません。しかし、本章で述べましたように、焙煎がほんの少し先で、抽出の技術もあわせて試行錯誤していました。

一般に、焙煎に携わるかたは、最初から焙煎か、バリスタの経験を経て焙煎に辿り着く人が多いと思います。僕のように、焙煎と抽出に同時並行的に取り組むのは、まれな例かと思います。そうした経験をしてきただけに、その時その時の両者の立場（バリスタと焙煎士）をより深く理解でき、今焙煎やバリスタのお仕事をされているかたに対し、独自の視点でアドバイスができると思っています。

本書は、僕がこれまでに力を注いできた「ブレンド」に関して、その技術と考え方をメインにご紹介しています。あわせてその中で、焙煎をされるかた、コーヒーの抽出をされるかたが、それぞれにお互いのことを理解してお仕事ができることを願って、そのポイントもご紹介しています。そうした点が本署の特徴といえるでしょう。

chapter 2

ロースターの仕事と、バリスタの仕事

自家焙煎のお店なら、コーヒーをお客様に
提供するために、ロースターとバリスタがいます。
両者は、どのような視点で仕事を進めればいいのか。
実はあまり表に出て来ない話ですが、
当事者たちにとっては大事なことですので、
僕なりの見解をご説明します。

焙煎と抽出の仕事の違いについて

なぜ両方の仕事をやるのか

ロースターとバリスタの、両方に携わるというのは珍しいと言われますし、実際、どちらか単独スキルの方が多いと思います。僕の場合、1章で少し説明しましたように、おいしいコーヒーを求めていくと、そうならざるを得なかったというのがその理由です。

2017年ぐらいから、ロースターとバリスタの両方の技術を高めておかないと、最高のコーヒーは作れないと考え始めていました。ただ抽出と焙煎では、一回のトライ（試行）にかかる時間でいうと、圧倒的に抽出の方が短く、トライの回数を重ねやすいので、抽出の方が上達しやすい。そこで、まず抽出技術を磨く方が最終的なカップクオリティを上げやすいと考え、抽出から力を入れていきました。

ただ、僕は元々焙煎から始めましたので、焙煎技術も高めていかないと、本当においしいコーヒーは作り上げられないと思い、焙煎にも力を入れています。このため、いまはどちらかというと、ロースター寄りに発想することが多いと思います。

一方で、バリスタとしては大会での優勝者ということで多くの方に記憶していただいていますし、そのために、ありがたいことに各種イベントにも呼んでいただけたりもします。こうした事情から、実際には、バリスタとロースターの仕事を、うまくバランスをとりながら両方やっている感じです。

このような私の経験をもとに、ロースターとバリスタ、それぞれのスキルと視点の違いについて、詳しく解説していこうと思います。自家焙煎を行っていて、お互い、日常的に接点があるお店でも、仕事内容が違うためか、それぞれの考え方などについて、意外とご存じない人もいるかもしれません。

ロースターのスキルと視点

まずはロースターのスキルから説明しましょう。ロースターは、専業として最初から豆を焼く仕事に携わる人と、バリスタから豆や焙煎に興味を持ってロースターに移った人の2通りあります。バリスタからロースターになっても、その職人的な仕事の魅力にひかれてか、バリスタに戻ることは少ないのが一般的ではないかと思います。

ロースターは、豆の仕入れを抜きにすると、目の前の生豆の特性を掴み、目的の味になるよう適切に焙煎するのが仕事です。※目的の味とはお店ごとに違っていて良いと思っています。必ずしも競技会やSCAの基準に沿っている必要はありません。

①焙煎機を操作する「オペレーションスキル」

②焙煎した豆の味と香りをカッピングで正しく評価する「センサリースキル（味覚技術）」

③豆の個性に応じて、狙った味と香りを引き出すための焙煎の「プロファイルスキル」

という、3つのスキルから成り立っています。順番に、詳しく説明していきましょう。

3つのスキルのうち、結構見落とされがちなのが、①の焙煎機を操作するオペレーション技術です。焙煎というのは車の運転のようなもので、なんとなく操作はできていても、そのスキルのレベルは、達人レベルの人もいれば素人レベルの人もいて、皆全然違います。しかし、思い描いた味に調整するためには、焙煎機をちゃんと

操作できるだけのオペレーションスキルが必要です。

②につきましては、ロースターは、焙煎後にカッピングで味を取ります（カッピングの具体的な方法は、chapter 4で詳しく紹介します）。決められた方法で、挽いたコーヒー粉の上からお湯を注いで抽出するカッピングの手法は、ハンドドリップなど人の手を介して抽出する方法と異なり、淹れ手による味のブレがなく、フィルターなどを通さないので、いつ、誰が行っても、そのコーヒーの味がストレートに感じられます。そこで、そのコーヒーの特性を正しく評価するスキルが求められるのです。

カッピングという抽出条件を固定した中で得られた豆の味を評価し、次は③のスキルで、さらに目的の味に近づけるように豆を焙煎するのがロースターです。

カッピングから逆算して、目の前の生豆を、どう焼いていけばいいのかを詰めていく。焙煎の度合いなどを考慮しないで言うと、どうすれば嫌な味が少なく、その豆で作りたい味わいが表現されるかを考えるのがロースターの視点です。

自分の感覚で味を見極め、そこから自分の頭の中で焙煎プロファイルを組んで、焼いている最中も頭の中でもうちょっとこうしたい、こうした方が味はよくなるのでは、などと考えて調整する。仕事の間は常に自分の意識と技術に向き

021

合うことから、職人気質の人に向いている気がします。

バリスタのスキルと視点

　一方のバリスタは、バリスタは、接客が好き、コーヒーが好き、ということから目指す人が多いのではないでしょうか。

　接客面をまず抜きにして考えると、スキル面ではロースターから提供された豆を目的の味わいが出るように抽出して、お客様に提供するというのが仕事です。

　ですが、ロースターから提供される豆は、毎回100%の状態で来るわけではありません。同じ豆でも、その時々で、ちょっと焙煎が浅いとか、深いとかのブレが必ず出てくるものです。さらに、同じ豆でも日々エイジングで少しずつガスが抜けていき、抽出条件が変わることで味が変わっていきます。そこに合わせ、抽出の技術で味を調えるのが、バリスタのスキルです。

　提供された豆のおいしいエキス分を抽出するので、焙煎された豆がポテンシャルのマックスになります。その豆の持ち味以上に何かを引き出すのは難しい。その豆ありきで、おいしいコーヒーにいかに仕上げていくかというのを考えていくのが、バリスタの視点といえるでしょう。

　ただ、バリスタの場合も技術面が大切であることは言うまでもありません。ロースターのスキルと照らし合わせてみると、

　①「オペレーションスキル」。バリスタの場合は抽出技術です。バリスタにとっては、基本中の基本の技術で、安定した味わいを出せるよう技術を磨く必要があります。極端な話、お湯を100g注がなければならないところを、今回は110g入ってしまったなどということでは、味がブレてしまいます。

②「センサリースキル」。抽出したコーヒーの味を取るスキルです。ロースターと異なるのは、カッピングででではなく、バリスタの手によって抽出したコーヒーの味を取って味わいを評価する点です。したがって、正しく評価できるようになるには、①のスキルが高いレベルで安定していなければなりません。

③「レシピ調整スキル」は、抽出したコーヒーの味を評価して、次はもっとこう抽出したらいいとレシピを調整する技術。そして①に戻り、調整しておいしく淹れる抽出技術となります。

またバリスタの仕事では、ブレない抽出の技術で自分がおいしいと思うコーヒーの味を作れるかどうかが決まり、自分たちの"目指す味＝おいしい"が安定して作れるようになったところで、次の段階の「対お客様」という目線が入ってきます。

お客様の好みを把握しながら味を微調整したり、もうちょっとこういうのを飲んでみたらどうでしょうといった提案だったり接客サービスのスキルだったりが求められて来る。この点は、ロースターには無い部分です。

以上のことから、突き詰めていうと、まだ焼いていない生豆の特性を見極め、その良い面を引き出し、狙った味にするのがロースター。ロースターが焙煎した豆を、お店が目指す味わいに抽出するのがバリスタ、とも言えるでしょう。

ロースターとバリスタが分かり合えないのは

ロースターもバリスタも、本質的な部分では「おいしいコーヒーを提供する」という同じゴールを求めているはずです。でも、営業前のテイスティングなどの際、時によっては求めているものから外れてしまうことがあります。

そうした時、ロースターとしては、「こちらはちゃんと焼いている。バリスタなんだからそのぐらい調整して淹れて欲しい」と思う。バリスタからすると、「ロースターがもっとディフェクト（欠点）の少ない豆を焼いてくれれば、こういう味が出せるのに。焙煎が悪いからこうなっちゃう」と不満を抱いてしまう。

お互いに、お互いのスキルが足りていないのではないかと思い合う、という方向に行きがちかと思います。同じ店にいても分かり合えない。特に焙煎は豆の仕入れとの兼ね合いでオーナーが行い、抽出はスタッフが担当するという店が多いことから、立場上、スタッフはオーナーに要望を言いにくいということがありがちです。でも本当は同じものを求めているはずなので、もうちょっとお互いの仕事内容や持っている視点を共有できればいいなと思います。

ちなみに僕の店では、焙煎は僕が担当し、イベントで外に出る日も多いことから、通常、店での抽出はスタッフに任せていますが、僕自らが抽出することもあります。焙煎と抽出、両方やっていると、ダメな時は全部自分のせいだと分かる。さらに僕の場合は買い付けも自分でしているので、責任の所在がシンプルで分かりやすい。淹れてみて悪いところがあった場合、これは抽出のブレではなく、焙煎側で変えないといけない要素だといったことが、素早く理解できるのです。そういう意味では、ロースターもバリスタも両方を担当すると、分かりやすくていいと思います。

コーヒー関連の色々な人と話して思うのが、

023

ロースターはもっと抽出の知識を高めた方がいいし、バリスタはもっと焙煎の知識を高めた方がいい。なぜなら、お互いによく分からない状態で話をすると、両方ともただの批判になってしまうからです。それでは、お互いのわだかまりが深くなるばかりで時間が勿体ない。しかし、「抽出だと限界があるので、もう少し焙煎をこうしてもらえるとありがたいですよね」、といった対等の意見交換ができると、お互いに新たな"気づき"もありますし、物事が発展的に回っていくと思います。

ロースターもバリスタも、それぞれが難しい仕事です。だからお互いの仕事内容をリスペクトして、ディスカッションすることが大事だと思います。お互いに話し合いができるように、この本で抽出や焙煎について解説していきたいと思います。

chapter 3

僕が考える
ブレンドとは

僕が考える「ブレンド」とは、
喫茶店時代から続く「ブレンド」の
延長線上にはありません。
まったく別の考え方にもとづいています。
本章では、そうした考えがどのようにして
生まれて来たのかを簡単に解説していきます。

シングルオリジンを超える味わいの可能性

おいしいコーヒーを追求した先に

　本書の主題である「ブレンド」のことをお話しましょう。僕がブレンドに注目したのは、2019年の大会がきかっけでした。

　当時は、誰もがシングルオリジンに注目し、話題を集めていました。大会中も、出場者各自が用いるコーヒーの生産地の標高や気候の特徴、生産者のことなどがよく話されていたように記憶しています。

　しかし元々、僕は、ただ単においしいコーヒーが飲みたいのであって、テロワールや産地の情報を飲みたいわけではない…。と書くと、当時の状況に反発しているような感じもしますが、そうではなく、ごくごく単純に味覚としておいしい、嗅覚としておいしいといった、シンプルなおいしさというところにフォーカスしていました。

　確かに、ゲイシャ種などに代表されるように、シングルオリジンの豆には素晴らしい個性のも

のがあります。しかし、色々な豆のおいしさに興味を持って接しているうちに、ある豆について、「このフレーバーは本当に素晴らしいけど、この酸はどうなのだろうか」「素晴らしいフレーバーの豆に、味覚の面で個性の異なる豆を合わせてみたら、どうなるのだろうか」といったことを思うタイミングが出てきました。

例えば、ウォッシュドとアナエロビックは、おいしさが全然違います。個性の強いアナエロビックの豆に、ウォッシュドのすっきりさが加わったらどうなるんだろう、といったことを考えるようになりました。

個性の傾向が同じ豆同士を合わせたらどうなるのか。あるいは、違う個性の豆を合わせたら、特性を打ち消し合うのか、それとも互いの足りない部分を補完し合うのか。補完し合うならば、異なる豆を混ぜてみたらいいのかもと考え始めていました。それがブレンドに興味を持つきっかけでもあったわけです。

複雑さを出すにはどうするか

また当時、ブリュワーズカップでは、派手で複雑な味わいを持つタイプの発酵を伴ったナチュラル系の豆を使うと勝ちやすいと噂されていました。しかしそうした豆は、とても高価で、伝手などなかった僕には全然買うことができませんでした。

そこでウォッシュドのいい豆を使って、なんとか勝つ方法はないかと考えたのですが、どうしても勝てない要素がありました。それが"複雑さ"の部分です。コーヒー果実から精製工程でコーヒーの生豆を取り出す際、チェリーの糖が発酵する過程で色々な要素が出てくるので、チェリーやミューシレージと共に発酵させる豆の方が色々なフレーバーを感じ、複雑さがある。そ

こに、ウォッシュドの豆では太刀打ちできないと感じたのです。

そこで、いまあるウォッシュドのコーヒー豆を、より複雑にするには、どうしたらいいかと考えました。すると単純に、2種類使ったらいいんじゃないかという発想に至ったのです。実際、混ぜてみたら物凄く旨くなりました。お互いに持っていない部分を補って、複雑だがキレイな味で、これなら勝てると思いました。そこからブレンド、ブレンドと言い出したのです。

ブレンドは、シングルオリジンを超えられる、と確信したのもその時です。

シングルオリジンで完璧な豆というのは、ほぼ奇跡に近い。気候も天候も、精製も、抽出も、すべてミスしない状態です。特に天候は、精製しているときも乾燥の進み具合などで関係するはずなのですが、完璧にコントロールするのは難しい。したがって、完璧なシングルオリジンを追い求めていこうとすると、非常に難しい。でも、いまあるシングルオリジンを組み合わせてみたら、完璧に近しいものが出来上がるかもしれない。

「昭和のブレンド」との違い

ここで一つ、大事なポイントがあります。少し話が飛びますが、本書で用いる「ブレンド」という言葉についてです。詳しくは6章で紹介し

 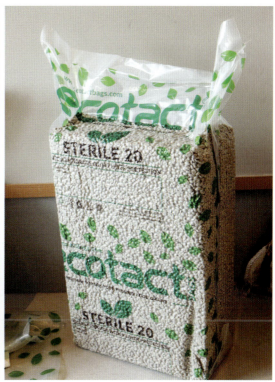

ていますが、誤解のないように前もって補足説明したいと思います。

「ブレンド」というと、昭和の時代をご存じのかたには、「喫茶店のブレンド」を連想されるかもしれません。昭和の時代には単一農園・単一品種という豆は非常に少なかったので、当時は、例えばブラジル、コロンビア、グァテマラ…といった国別の、今の感覚では"かなり大規模"な分け方で、その国を代表する味わいを持つ豆同士を使用して、「店独自の配合のブレンド」「原価や在庫調整のブレンド」…と、お店ごとに色々な考え方によってブレンドされていました。

しかし今日では、シングルオリジンのように地域別・農園別・品種や精製方法といった非常に細かな分け方をした豆が流通しており、それぞれに個性がはっきりしています。ここまで紹介してきましたように、僕のブレンドは、そうしたシングルオリジンの豆同士をブレンドしたコーヒーなのです。そしてブレンドの味わいも、1品1品明確な特徴があります。そういった点で、かつてのブレンドとは、ブレンドの手法も、性格も味わいも、魅力も、大きく異なるということを知っておいていただきたいと思います。

細分化が進んだ先にブレンドが

このように、僕自身の中でブレンドの可能性が広がったのは、実はシングルオリジンが発達してきたからでもあると実感しています。いまシングルオリジンは、エリアだったり農園だったり、また農園の中でも畑で分けてなど、どんどん細分化してきています。

例えばある農園で、以前はブルボン種と、ブルボン由来のカツーラ種を混ぜて出荷していたけれど、それぞれが単独で商品として売れるようになってきたので、カツーラ種とブルボン種を分けて商品化するようになったという感じでしょうか。

こういう感じで、どんどん細分化していっているので、物理的に混ざっていた昔に比べると、圧倒的に味がシンプルに個性がわかりやすくなっているはずです。
　細分化されてきたからこそ、この農園のこのブルボン種は滅茶苦茶オレンジが強く出る、甘さがすごく強い…など、非常に特徴のある豆が出てき始めました。しかしそれに伴い、ある特徴は強く出るけれども、そうでない部分はちょっと弱いというのが、シングルオリジンの特性にもなってきています。
　例えばエチオピアやゲイシャ種でもそうですが、あの特徴的なフレーバーはあるけど、ちょっと弱いよね、少し酸は優しい感じだよねといった具合です。シングルオリジンだけでは、すべてを満たすことは難しい。
　でも、非常に特徴的なフレーバーがあるコーヒーが一つあり、それとは別に甘さや酸味のバランスがいい豆が一つあれば、これらを組み合わせてあげるとちょうどいい感じでピースがはまるというイメージです。
　つまりシングルオリジンの発達がなければ、僕自身、いまのブレンドで味を作っていくということはできなかったはずなのです。シングルオリジンが流行ったことは、僕にとってプラスだったなと思います。

chapter 4

カッピングの技術

コーヒーの味を評価するカッピングの技術は、
焙煎した豆の特性を見るロースターにも、
抽出したコーヒーを確認するバリスタにも大切な、
コーヒーのプロフェッショナルに
欠かせないスキルです。
この技術は、ブレンドづくりにも活かされます。

カッピングとは

カッピングの基本知識

　コーヒーの味や香りを確かめる時、カッピングを行ないます。
　カッピングの手法は、例えばSCA（スペシャルティコーヒー協会）ではコーヒーの抽出法やテイスティングの方法だけでなく、部屋の広さやテーブルの大きさといった環境面に始まり、カッピングスプーンの容量、サンプル（豆）の焙煎度合いや焙煎からの経過時間、抽出に用いるお湯の温度や分量…まで、全ての面において非常に細かな条件設定がなされています。ちなみに焙煎度合いは、豆の個性が明確に出るよう、アグトロン値（※）で55前後という浅煎りにします。こうした条件下において、挽いた豆の上からお湯を注ぐというとてもシンプルな方法でコーヒーを抽出しテイスティングます。
　厳格に条件設定された中でシンプルに行うこの方法では、何時、誰が、何処で何度行っても同じ状況を作り出せるのが利点で、もちろん抽出のブレも起きにくい。比較的正確に味の比較ができるとされています。このため世界中で、コーヒー豆を買い付けする際などにも一般的に多く使われています。
（※米国Agtron社が開発したコーヒー豆の焙煎度合い測定器「ローストカラーアナライザー」で計測した時の値）

カッピングでもブレは出る

　以上のように、同じ条件下でブレが起きにくいと言われるカッピングの手法ですが、人間が行うことですので、実際には全くブレが出ない

というわけではありません。どうしても、ある程度のブレは出ます。ロースターさんの多くは、カッピングは味がブレないと思っていますが、実はその時の状況によっては、非常にブレる要素があります。個人で行う場合はそのことに注意し、カッピング作業を標準化することが必要です。

では、どういう時に抽出のブレが起きやすいのか。

例えば、豆へのお湯の注ぎ方や注ぐ時の勢いによっても抽出の状態は違ってきます。またブレイク時にクラストを3回撹拌しますが、その強さや、スプーンを液面のどこまで深く入れて撹拌するか、カッピングボールの素材や環境温度によっても違ってきます。

こうしたポイントは、抽出を経験した人でないと分からないことが多いと思います。したがって焙煎に際してカッピングする人も、抽出の勉強をしておいた方が、より正確な評価ができるようにいなると思います。

カッピングの方法にはSCA以外にもCOEなどもありますが、僕個人が自分で焼いた豆の味を取るために店で行う時は、SCAのカッピングプロトコルに沿って行っています。その際は、挽き目、湯温、カップの大きさ、水質などは基準通りですが、先に述べた部屋の大きさやテーブルの広さなどといった、店舗内では実現するのが難しい項目もありますので、そうした要素は省略しています。

また僕の場合、焙煎度合いは商品である各種ブレンドに合わせて変えていますので、普段の品質管理ではローストカラーアナライザーのアグトロン値のみを測っています。深煎りのときは当然ながら基準から外れますが、気にせずに行っています。

実際のカッピング

ここまででカッピングのおおまかな概要と注意点を理解していただいたら、次ページから実際に僕が行っているカッピングの方法をご紹介しましょう。

豆の挽き目は中細挽きくらいで、結構細かいです。豆や焙煎度合いによって挽き目が変わると味の出方が変わってしまいますので、カッピングの際はどのような豆でも同じ挽き目にして行ないます。

カッピングの準備　　　　　　　　　　　　　preparation of cupping

- カッピングスプーンとガラスのグラス（容量220ml）を用意
- 豆は1種類につきグラス5個分を用意
- 豆はグラス1杯につき10g用意
- 湯は、100℃でグラス1杯につき180g用意
- 挽き目は中細挽き（SCAの基準では、20メッシュでふるって70〜75％通過するもの）

カッピングの手順　　　　　　　　　　　　　process of cupping

1

カッピングする豆を中細挽きにし、グラスに入れる。豆を挽くのは、カッピング直前に行う。

034　chapter 4 ＜カッピングの技術＞

2

100℃のお湯を、コーヒーの粉がしっかり撹拌されるように、高い位置から注ぐ。注ぎ口が細いケトルで注ぐ場合、先端を動かさず同じ位置に注ぎ続ける方が、中でうまく粉が回ってくれる。

3

カッピングするグラスすべてに、グラスのふちまでお湯を注ぐ。クラスト（液体の表面に浮かぶ気泡を含んだコーヒーの粉の層）を壊さないようにしながら、そのまま4分置く。

4

4分経ったら、ブレイクを行なう。グラスの手前側からスプーンのヘッドの半分ほどの深さまで差し入れ、手前から奥の方へやさしく3回撹拌する。混ぜ方で味が変わってしまうので、きちんと規定通りに行なうこと。さらにスプーンの背で泡をよけながら香りを嗅いで評価。

5

サンプルが複数ある場合は、サンプル同士の味が混ざらないように、別グラスに入れておいたお湯で一回ずつスプーンですすぐ。コーヒー液が冷たくなってしまうことも防げる。

6

表面に浮かんでくるアクを、スプーンで丁寧に取り除く。スプーン2本を使うと効率よくきれいに取り除くことができる。何回もアク取りをすると撹拌を進めてしまうことになるので、一回できれいにアクを取り切ること。残ってしまい気になる場合は、スプーンの背で軽くなでてアクをくっつけるとよい。ここでもサンプル同士が混ざらないように、一回ずつスプーンをお湯ですすぐ。

7

アクをきれいに取り除いた状態。通常はすぐに味のチェックを始めるが、畠山氏の場合、まだ抽出液がかなり熱いこと、抽出がそれほど進んでいないことを考慮し、ブレイク後5〜6分ほど置いてから味のチェックを行う。

8

スプーンの八分目くらいまで上澄みを取り、口元にスプーンを運んで勢いよく吸い込む。歯と歯のすき間から思い切り吸い込み、霧状のコーヒーの香りを無理やり鼻腔に抜くイメージ。スプーンは歯にくっつけるくらいの感じで近づけ、液面を吸うのではなく、液面よりも少し上のところから吸い上げるとよい。

9

味をチェックした後、吐き出し用のカップに吐き出す。スプーンをお湯ですすぎ、次のグラスの味をチェックする。これを繰り返す。

豆の仕入れ

豆選び

　豆選びの段階でカッピングを行う時も、僕はブレンドに使うことを意識しています。

　シングルオリジンで売ろうと思った時に豆を選ぶ場合、ある特徴が非常に突出しているけれど他の項目は劣るよね、といったタイプの豆はなかなか選びにくいもの。でもブレンドを作る際は逆です。特徴がしっかりある豆は他の豆と組み合わせて使いやすいので、僕ならブレンド用に選ぶことがあります。だから、他の人が選ばないような豆でも、僕は選んだりします。

　ブレンドすることを考えながら選ぶことが多いのですが、よほどシングルオリジンで飲んでおいしいという豆があれば、それも買います。反面、すごく安い豆などはあまり買わなくなりました。安くてもすごく特徴がある豆とかならいいのですが、そうした豆はあまりないのが現状です。

　買い付け時に僕が重視しているのは、
① フレーバー
② 酸の質、酸のきれいさ
③ 質感と甘さの質

　このあたりを考慮してカッピングをして選んでいます。

最も重視するのは
フレーバー

　僕の場合、先の3つのなかでも、特に重視するのが①のフレーバーです。何故ならフレーバー以外の②③の要素は、結構焙煎によって変わってしまったりするからです。

　酸の印象だったり、質感だったり、それ以外ではクリーンカップであることや、甘さだったりと、重視する点は人によって様々です。でもそれらは、焙煎によって変わる要素ではある。自分が焙煎すると、おそらく変わってしまうので、その生豆の持つポテンシャルのマックスを、カッピングだけで判断することはできないだろうと、僕

037

表1：欠点豆と異物

欠点豆の種類	ブラック	精製過程で過剰発酵して黒くなった豆。
	サワー	茶色から赤みがかった茶色の色合い。豆を引っ掻くと酢のような臭いがする。
	ファンガスダメージ	カビによる損傷を受けた豆。黄色から赤みがかった茶色の斑点。
	ドライチェリー／ポッド	実が付いたまま乾燥された豆。中に豆が入っている。
	虫食い豆	虫食いによるダメージ。度合いにより大きく掘られているか、小さな穴。
	割れ豆／欠け豆／小片	加工の過程や輸送時に割れてしまった豆。
	未熟豆	やや緑がかった色で、小さかったり形がいびつだったりする豆。
	しわ豆	表面にしわが寄っている豆。乾燥プロセスによる不均一な乾燥による。
	貝殻豆	センターカット部分が極端にえぐれて貝殻のようになった豆。
	浮き豆	白っぽく、水に浮く豆。発達が不十分なチェリーから発生。
	パーチメント	殻が残ったままの豆。
	皮、殻	外皮や内皮そのものの破片。
異物	・小石 ・金属 ・繊維 ・植物（木くずなど） ・穀物（トウモロコシ）	

個人的には思います。

　何故なら、商社などが主催するカッピング会でも、サンプルローストした人よって、味わいが全然違ってきてしまうことがあるからです。この人が焼くとめちゃくちゃ甘くなるけど、フレーバーはちょっと弱いなとか、酸味がものすごくとがった感じで出るなとか。

　そこで、例えば普通の焙煎度合よりもかなり浅いなと感じた時は、おそらくもうちょっと深く焙煎するとこういう味が出てくるだろうとか、逆に焙煎が深めだと感じた時には、浅く焼くとたぶんもうちょっと酸が、キレイないきいきとした感じになるのでは、などと想像しながらカッピングしています。これはすごく難しいのです

が、焙煎が分かっている人だと想像しやすいと思います。

　だからカッピング会などの豆選びの場では、出された豆のサンプルローストのプロファイルを知った上で、味の評価に加えて、その豆が本来持っているポテンシャルを想像していかないといけないわけです。

　ある程度焙煎の知識がある状態で選んでいくと、あまりはずれを引きにくいとか、コスパがいいものを買えたりすると思います。

豆の仕入れについて

　僕の場合、順番としてまずシングルオリジン

の豆の中で、ある程度おいしいものを購入候補としての目星を付け、それ以外の豆は、あまり買わないようにしています。

次に、最初に目星を付けた豆で、シングルオリジンとして販売しても売れそうだという自分の中の基準があるのですが、その基準に照らして超えているものの中から、例えばアナエロビックのようにしっかりと発酵させた香りのあるものといったように、特徴あるものを選んでいきます。

豆選びの際、おいしい生豆であることは最低限に必要な条件ですが、あとはその店にとって必要な生豆であることが重要です。店のマストのラインナップの中で不足しているものだとか、全体のコストや品質のバランスも考慮する必要があります。それ以外の大きな要素としては、お店についているお客様のタイプによっても、選び方が違うでしょう。ただ品質のよいものを、

欠点豆

生豆の段階で1度目のハンドソーティングを行なう。バットとザルを重ねて生豆を200g程度入れ、欠点豆や異物がないかをチェックする。ブルンジやその周辺国の豆は、焙煎・粉砕した時に生のじゃがいものような臭いがする「ポテトフレーバー」を生じることがある。ポテトフレーバーは小さな虫が原因で発生すると言われているので、虫食いのある豆は特に注意して取り除く。

焙煎後にも再度ハンドソーティングを行なう。焙煎後の方が見つけやすいタイプの欠点豆もある。クエーカー（未熟豆。写真右の左側の豆）は、焙煎しても色付きが悪いので見付けやすくなる。また豆が割れたり欠けたりしてしまっている貝殻豆は、焙煎で焦げやすい。どちらも残して抽出すると味に影響があるので、しっかり取り除く。

ある程度こなれた価格で販売したいという場合、やはりコスパが高い豆を見極めて選択する技術は必要です。

ハンドソーティング

生豆が届いたら、1度目のハンドソーティングをします。ハンドソーティングは欠点豆と異物（38ページ表1参照）を取り除くことで、以前はハンドピックとも言っていましたが、それは現地では生豆を摘む行為ということで、今ではハンドソーティング（「sorting」は分類、区別などの意味）という言葉を用いるようになってきています。

コーヒーのレベルが上がり、シングルオリジンのように管理の良き届いた豆でも、収穫から精製、袋詰めまでの間に、どうしても欠点のある豆や異物が混ざってしまうことがあるのです。欠点豆が入っていることで、風味や質感が著しく悪くなる原因になりますので、できる限り取り除くようにします。

ハンドソーティングは、生豆の時と、焙煎を終えた時との最低2回は行うといいでしょう。

chapter 5

ブレンドの
新しい技法

chapter3でご紹介した、僕が行っている
ブレンドの作り方です。
栽培技術や精製方法が進化する現代のコーヒーを
背景とした、新しいブレンドの技法です。
この方法で、これまでになかった風味が
コーヒーに加わります。

ブレンドの可能性と新しい技法

ブレンドが再度はやりはじめた理由

　世界大会では、長らくシングルオリジンが全盛でした。皆が優れたシングルオリジンを世界中で探し求め、それで優勝したバリスタが注目されるようになりました。またコーヒー価格が高まる中、稀少品種や高級品種の世界市場での取引価格が話題になり、価値や値段はますます高騰していきました。優れたシングルオリジンは入手しにくく、しかも最高峰のものを提供するだけでは差別化が難しくなってきたのです。そこで改めて注目されてきたのがブレンドです。
　僕が世界大会に出た年に、出場者の中にブレンドを使った人が3、4人いて、そのうちの3人がファイナリストになりました。さらにその3人から、1、2、4位が出たのです。そのころからブレンドのトレンド感みたいなものができ始めて、いまではスペシャルティコーヒーの店でもブレンドを作るのが当たり前のようになってきています。
　そこで本章では、従来のブレンドと、それに対する新しいブレンドの考え方、その作り方の手順を紹介したいと思います。

これまでのブレンドの考え方

　これまでのブレンドの考え方と作り方を、まず解説します。

　ブレンドの作り方には、いくつかパターンがあります。

　まずは原価調整のためのブレンド。特徴的なフレーバーがあったり、すごくいい味を出してくれたりするけれど、とても高価な豆があったとします。単体で飲むとなると、原価から売り値は100g3000円くらいになってしまい、日常利用されるお客様にはちょっと買ってもらいにくい。そこで、高価な豆に他の豆を加えてあげることで、特徴的なフレーバーは残しつつも原価を下げるようにします。そのことで100g1500円ぐらいまで下げられると、お客様にとっても買いやすくなります。これが原価調整のためのブレンドです。

　次に、安価な豆だけで構成するブレンド。今までのブレンドで多かったパターンです。価格の低い豆でも、例えばブラジルだったらナッツ系のフレーバー、ケニアだったら酸が特徴的に出るといったように、産地ごとの特徴があります。そうした、それぞれの特徴を上手く組み合わせてあげることによって、バランスの取れた一杯にできます。安い豆だけどちゃんと複雑に味を調えて、価格も安く提供できるので、日常利用のお客様にも喜ばれやすい。従来のハウスブレンドに多い考え方ですね。

　さらに、在庫調整のためのブレンドもあります。単体では売れなかった豆をブレンドに混ぜることで、不良在庫にならないように工夫します。めちゃくちゃいい豆であっても、あまり馴染みがない産地のものだとなかなか売れなかったりするものです。そういう時はロスになってしまうので、その豆を使ってブレンドを作るという考え方です。これまでは大体、以上の3パターンの理由でブレンドが作られてきました。

ブレンドは時代の要請

　以上のようなブレンドの考え方に加えて、喫茶店時代のブレンドの考え方もあります。昔に遡って喫茶店ブームぐらいの頃は、日本に入ってくる豆自体がほぼ固定されていました。いわゆるコモディティコーヒーで、ブラジル　サン

トス№2とかはありましたが、どこ地方とか産地指定でコーヒー豆を仕入れるのは難しかったのです。そうすると、どこの喫茶店も同じような産地の豆を使うしかなくなり、仕入れでは差別化できない。そこで仕入れ以外の工夫で差別化が必要になる。となるとやはり店の独自の味を作ったり、焙煎・抽出技術で差を付けたりしないといけない。店の味を作るためにブレンドしたという側面があったと思います。

今も実は、そうした喫茶店ブームで同じような豆しかなかった頃と同じ感じになっている気がしています。

それはどういうことか。

今日では、産地や農園や品種や精製法など、コーヒー豆の種類はたくさんあるのですが、皆がおいしいと思うものは特定の豆に集中してしまうものなのです。そうすると、他店と同じ豆を使っているねとお客様から評価されてしまう状況になっています。

しかも、都内の一等地とローカル立地で営業している店とが比較される。都内は家賃や人件費が高いから、それを豆の価格に反映せざるを得ないのですが、同じシングルオリジンの豆を使っている、家賃も人件費も低いローカル立地の店と比べられて、この店は高いねと言われてしまう。価格に見合ったブランディングができていればいいのですが、それも難しいとなると、どうしても安いところに価格を合わせざるをえなくなる。

こうしたことがいま起きていて、自家焙煎店でも経営が厳しくなるところが出てきていると思います。そうなると今後、差別化と利益確保のためのブレンドというのが出てくるかもしれません。

全く新しいブレンド

従来のブレンドについて述べて来ましたが、僕が提唱しているブレンドは、これまでのブレンドの考え方とは全く異なります。

僕が作っているブレンドは、完全に味だけのことを考えて作っています。原価のことは少しだけ考慮しますが、在庫とかその他のことは完全に排除しています。これとこれを混ぜたらおいしくなるなとか、そういう基準でブレンドを作っていて、そのために買い付けの段階から同じ基準で行なっています。

そのコーヒーの特徴が尖っていれば尖っているほど、シングルオリジンとしては扱いにくいものですが、実はブレンドには使いやすい。例えばこのフレーバーがいいけれど、ちょっと質感がざらつきやすいという豆があったとしたら、質感がとてもいい豆をブレンドして整えるということを行います。求める味から逆算して豆を選び、ブレンドし、焙煎しています。

偶然そうしたブレンドをしているとか、結果的にそうしたブレンドになっている人はいるかもしれませんが、初めから意識してそうしたブレンドをするというのは、割と最近はやる人が少なかった分野かと思います。

スペシャルティコーヒーの評価基準が世界的に広まり、産地、地域、村、畑というように細かな生産地ごと、生産者の作り方ごとで、コーヒーの個性がきめ細かく分かるようになったことから、できるようになったブレンド手法なのです。

基本的なブレンドの方法

では、ブレンドの具体的な作り方を紹介して

いきましょう。

　まず、お湯とシングルオリジンの豆を複数用意します。そしてカッピングの要領で、豆の種類ごとにカップに挽いた粉とお湯を注ぎ、コーヒー液を抽出し、それぞれの味を見ます（詳しくは、右ページ図1を参照してください）。

　それぞれの豆の個性を確認したら、別に用意しておいたグラスを使い、カッピングスプーンで1種類ずつコーヒー液をすくって、1対1でグラスの中で混ぜていきます。このやり方だと1回の試作が短時間でできるので、一度に色々な配合で試してみやすいという利点があります。

　例えばA、B、C、Dの4種類の豆があったら、まずはA〜Dそれぞれを単品でテイスティングし、各々の特性を把握します。

　それからブレンドの作業を始めます。まずはA〜Dを1対1で混ぜてどのような味になるかを試します。その後に、例えばAとBだけを1対1で合わせて味見したり、Cを1/2量だけ足したりとか、Dを2杯入れようとか様々な組み合わせができます。

　馴れない最初の頃は、何と何を混ぜればおいしくなるか予想しにくいものなので、色々な種類の豆で試してみてください。とりあえずやってみたら、意外とおいしいブレンドができる、ということもよくあります。そのうち、こういう味を出すには、こういう豆が必要だと分かるようになってくるでしょう。

　どういう味を作りたいかを念頭に置いてこの作業をすると、馴れてくるうちに、こういう豆を使わないといけないと分かってきます。例えば甘い香りのブレンドコーヒーを作りたい場合、ウォッシュドはなかなか選ばない。やはりナチュラル系とか甘い香りが入っているものを選ぶ方

がいい。そういった、考えれば当たり前のようなセオリー的なものがやはりある。ナチュラル系だけだと甘さ寄りになりすぎるから、ちょっと別にきれいな酸のいきいきした感じを出してあげた方がいいなど。そう考えていくと、必要な豆がピックアップされていきます。

　ブレンドの味を見る時にカッピング方式を勧めているのは、抽出のブレが少なく、毎回同じように味が出るからです。ハンドドリップではブレが大きい。ただカッピングの欠点として、焙煎によって豆の膨らみが異なりますので、味の出方や濃度が異なります。同じ比率で使用しても膨らみの少ない豆（＝小さな豆）の方は溶解度が低く味が弱く出ることがあります。そこで味の正確さを求めるなら、カッピングでブレンドのベースを作った後、ハンドドリップで味をみて、調整する必要があります。

ブレンドの配合比率について

　昔のブレンドづくりでは、ベースの豆や、5対3対2といった配合比率をある程度決めているところもあったようですが、僕の場合、ベースや型は決めていません。混ぜてみて、これだというものを作っていくのがブレンド。まず一度混ぜてみて飲んでみると、それが意外とおいしかったりする。

　ブレンドの比率を決めるのが難しいようなら、2種類の豆を1対1の比率で混ぜて飲んでみてください。その後3対2、4対1など比率を調整して作ってみる。慣れてきたら豆をもう1種類増やして3種類で味を組み合わせても、なんとなくできるようになっていきます。

　色々な組み合わせで試してみて、自分の好み

図1：畠山氏のブレンドづくりの流れ

　ここでは、畠山氏のブレンドづくりの流れを簡単に紹介しました。詳しい手順は、51ページから紹介しています。

1 豆を複数用意する

2 カッピングの要領で、それぞれをテイスティングする

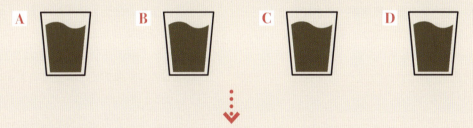

3 全てを1対1でブレンドしてテイスティングする

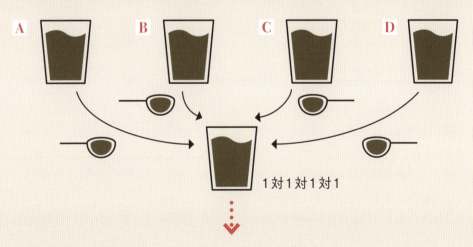

1対1対1対1

4 求める味わいを出すため、ブレンド配合を様々に変えてテイスティングする

の味に近いものが掴めてきたら、そこにもう
ちょっと別の特徴を持つ豆を混ぜてみる。その
ような感じで少しずつ増やしていき、とにかく
手持ちの豆全種類で試すくらいの勢いでやって
みてください。

　通常、僕がブレンドを作る際は、少ない時で2
種類、多い時で8種類くらいの豆を使用します。
平均では5〜6種類ぐらいが多いと思います。た
だお客様が家で抽出する時の味の再現度を考え
ると、あまりたくさんの種類を使い細かな比率
に組み合わせないようにしています。なぜなら、
挽かない状態の豆を購入されたかたが、1杯分
を淹れようとして豆をすくった際、その1杯分
の中に入っていない豆の種類が出てきてしまうか
もしれないからです。そうすると、ブレンドの
味が変わってきてしまいます。

ブレンドのコツ

　基軸にする豆はなんでもいい。似た味の豆を
組み合わせてもいいのですが、初めはあまりシン
グルオリジンとの差を出せないので、あまり
お勧めできません。お勧めは、系統がちょっと
違うタイプの豆を組み合わせることです。例え
ば精製方法でも、ウォッシュドとナチュラルで
は味のバランスが全然違う。組み合わせる豆の
味わいが遠ければ遠いほど、ブレンドにした時
に分かりやすく良さを感じられる。

　ブレンドする醍醐味は、シングルオリジンで
は出せない複雑性にあると思います。複雑性を
感じやすくするためには、やはり豆の特徴が離
れていればいるほどいいわけです。発酵系の
ちょっと甘い香りが強くなったら、きれいな
ウォッシュドを混ぜたほうがいいとか。なるべ

く系統が異なる特徴を持ったものを合わせてい
くことが多いです。ある豆が持っていない要素
を他の豆の要素で補ってぴったりはまったとき
は、すごくいいブレンドができたりします。

　僕はブレンドづくりの際、その豆の持ってい
る「強度」——僕は尖っていると表現するので
すが——、その尖っている部分を考慮していま
す。例えばフレーバーが弱い豆ばかり組み合わ
せてしまった場合、そこにもう一つフレーバー
の強い豆を加えると、全体が整ってくる。全体
のグラフが整うようにイメージはしています。

　現在、僕が使っている豆は、商社に預かって
もらっているものも含めると20種類以上になり
ます。大体味の個性というものは、豆の産地で
毎年それほど変わりません。同じようなものも
ありますが、毎年少しずつ買う豆は変わります。
ただ味づくりを考えると、全部ウォッシュドばか
りになるとブレンドが作りにくくなるので、ア
ナエロビックやナチュラルもこのくらいは買っ
ておきたいなど、そういうことは決めています。

　以上のようにしてブレンドの配合比率が決
まったら、それを豆の配合比率に落とし込んで
いきます。それは80ページで述べる、豆のブレ
ンドを焙煎前の生豆で行うのか（プレミックス）、
それとも焙煎後の豆で行うのか（アフターミッ
クス）ということにつながります。表でも示し
ましたように、それぞれに長所・短所があります
ので、お店の都合やご自身の都合に応じて選
択してください。

『Bespoke Coffee Roasters』の ブレンドコーヒー

　『Bespoke Coffee Roasters』では、シングルオ

リジンの定番商品は置いていません。なので、定番の豆を軸にブレンドを作るといったことは全くありません。

　ブレンドの方は、焙煎するたびに内容が変わります。基本的においしいと思う豆を使うのですが、デイリーに利用してもらいたいので、販売価格を考慮し原価も少し意識しています。

　一般に扱われるシングルオリジンは、結構バランスのとれた味わいのものが多いのですが、それを組み合わせてブレンドにすると、全体的にまとまった味にはなるものの、あまり複雑性が生まれないことが多い。すごく特徴的な味は作りにくいのです。そのため僕は、買い付けの時からブレンドすることを前提に考え、尖ったところのある豆を買い付けたりしています。例えば、今月はこういう気候だからこういうテイストがいいなと考えたとき、この豆とこの豆を組み合わせてそのテイストを作ろう、と言う感じです。

　また僕は月替わりで、「イノベーティブブレンド」というブレンドを出しています。その時、僕の飲みたいもの、作りたいものを作るという感じで、味もコンセプトも毎回異なり、それを気に入っていただいているファンの方も大勢いらっしゃいます。

　ある時はケニアだけ数種類合わせたブレンドを出したりもします。コンテストで使われるような風味のあるコーヒーを、より安価に出せな

いかと思ってアナエロビックのような発酵系の豆やフローラルな香りのある豆を混ぜてみたりすることもあり、その時々で変わります。

ブレンドによって、多彩な魅力を生み出す

僕がブレンドを作る時は、最初にイメージする味わいがあります。最初に味わいをイメージし、これとこれを組み合わせるとその味が出せる、などと考えて実際の豆を組み合わせていく。例えば梅雨だと、雨、雨音、ジャズ　雨の日にジャズを聴きながら飲みたくなるような味わいだとか。

またある時はすごいベリー感のあるものを作りたいと考えて、様々なベリー系の風味を持つ豆をブレンドして「ベリーベリーブレンド」を作ったりもしました。この時はベリー系の豆を1つ軸にし、それを補完するような形で様々なベリー系の味が出るように調整しました。

変わったところでは、クリスマスの時期にシュトーレンをイメージさせるブレンドを作ったこと。ナッツやラムレーズン、柑橘系のピールを練り込んだクリスマス菓子ですので、そのニュアンスが出るようブレンドしました。ラムレーズンの風味はさすがにコーヒーそのものでは出せませんので、コーヒー豆をラム酒にインフュージョン（漬け込み）して使ったり。

ブレンドは、豆の種類、焙煎度合いに加え、こうした別の手法も用いて、自由な発想で味わいを生み出せます。その時々で「こういうものを作ろう」と発想し、そこに必要な原材料を考え、原材料を揃えてブレンドを作るという感じです。

コーヒーは、物理と科学と計算。さらにアー

トの要素があると思っています。ブレンドを作るようになって、ブレンドは自分のイメージを表現する仕方の一つとして考えています。僕は絵を描くのはダメでしたが、ブレンドなら発想を具現化できる。そういう楽しさを感じています。

ブレンドづくりの悩み

シングルオリジンの豆を組み合わせて味わいを作ることは、難しくありません。またおいしいブレンドには、試行回数を重ねることでたどり着くことが出来ると思います。

しかしお店によっては、在庫として持っているシングルオリジンの豆からブレンドを作ろうとすると、作れる味わいには限界があります。例えばウォッシュドしか扱っていない店だとすると、どれだけブレンドしたところで、元から豆が持っていない発酵した甘い香りは作れません。買い付けの際に、ブレンド用にすることを前提とした生豆の購入も、意識した方がいいと思います。

お店がブレンドを取り入れる際、通常シングルオリジンで提供しているタイプと、系統的に同じにする場合と、まったく違う系統にする場合があると思います。お客様の立場から考えると、ブレンドだけどいつもと同じ感じだよというのもうれしいし、うちの店らしくないかもしれないけど、こんなの作ってみたよというのも驚きがあってうれしいと思います。

系統が違うものを作る時は、やはりブレンド専用に豆を仕入れる必要が出てきます。そうすると在庫が増えたり、買い付けが大変だったりとかはリスクになると思いますので、事前によく考えて取り組んでいただきたいと思います。

具体的なブレンドの作り方　　how to make blended coffee

　僕が実際にブレンドを作る際は、カッピングの抽出液を使用して味を決めています。重視するのは、フレーバーの組み合わせだけでなく、フレーバーと酸の立体感と複雑性、甘さの複雑性、質感なども考慮します。またどのようなブレンドを作りたいかによって、うまくバランスを整える必要があります。さらに深煎りの場合だと、苦みも考慮してブレンドしていきます。ブレンドでは、タイプの異なる豆を組み合わせることが多いです。その方がブレンドするメリットが大きいから。ナチュラルとウォッシュドなどの精製法の違いや、品種や産地などでも違いがでてきます。

※今回は4種類のコーヒーをブレンドする場合を例に、手順を紹介していきましょう。

1

カッピングと同様の準備を行う。それぞれのカップに同量のコーヒー粉とお湯を注ぎ、4種類の抽出液を作る。スプーンをすすぐために、5つ目のカップにはお湯を入れておく。

2

クラストを崩さないようにして4分間置き、コーヒー液を抽出させる。

051

3

コーヒー液が抽出したら、ブレイクし表面の泡を取り除く。この時もカッピングのプロトコルを守る。

4

まず、それぞれの豆の特徴を知る。コーヒー液をスプーンですくい、一種類ずつ味の特徴を確かめる。それぞれの特徴を事前にきちんと評価することで、様々なブレンドにトライすることができる。

5

ちなみに今回の4種類の大まかな特徴は、A「フレーバー寄りだが少しライトな感じのボディー感」、B「フレーバーと、甘みに特徴あり」、C「酸がつよい、甘さは少ない」、D「フレーバーがつよく、4種類のうちで一番重い。発酵系のフレーバーがある」です。

6

まず4種類のコーヒーを、同割でブレンドしてみる。4種類のコーヒー液を、それぞれスプーンに1杯ずつ取り、1つのカップに合わせ、味わいをチェックします。コーヒー液は意外と混ざらないものなので、しっかり混ぜておくこと。今回はおいしいがインパクトが足らず、全体的にぼやっとした味わいだと感じた。

052　chapter 5 〈ブレンドの新しい技法〉

7

2回目。4種類の中でどの味をつよく出したいか、もしくは弱めたいかを考える。その結果今回は、少し甘みのあるBを少し追加。また少し輪郭をはっきりさせるため、フレーバーと味に強度のあるDを追加。その結果酸の印象が弱い、甘さ寄りのブレンドになった。

8

3回目以降は、もう少し酸の輪郭を出して、立体感を出そうと、酸が際立っているCを少し追加。また発酵のフレーバーを取り入れたいと考え、Dもプラス。ただDは質感が重めなので、とろっとした感じになった。もし軽くしたかったらAを混ぜるところだが、今回はその感じをいかして、Aは足さなかった。

　このように、味を確かめながら微調整を行なっていきます。今回は最終的に、A少な目、BとCが同量、D多めでブレンドを作りました。

　上記の例でも分かるように、4種類の豆を用意した場合でも、求めているブレンドの風味に必要ないと感じたものは省くこともあります。しかし逆に、ほんの少量でも入れた方がいい場合もあります。例えば同じ発酵系でも香りの系統が違うものなどは、2種類を使うことでフレーバーに重層的な複雑さを出すことができます。

ブレンドづくりのポイント

　最初の頃はどのブレンドがおいしいか分かりにくいと思いますが、とにかくトライを繰り返すことが大事です。トライを重ねることで、風味の違いが分かってきます。合せるコーヒーの比率を色々変えて、どれがおいしいか試してみましょう。

　おいしいか、おいしくないかは主観で判断するしかありません。しかし本当においしいブレンドができた時は、他のブレンドの時とは明らかにレベルの違いが分かり、誰がテイスティングしても調和しているとはっきり感じます。その体験に出会うまで、ひたすら繰り返してみてください。

　お店に並んでいる豆を組み合わせてブレンドしてみれば、どこかでおいしいと感じる比率があるはずです。何度も述べていますように、ダメなことはまずありませんが、似たタイプの豆をブレンドした場合、いいところも悪いところも似ているので、ブレンドとしての正解は分かりにくいかもしれません。したがって、タイプの違う豆同士からブレンドを始めていく方が、変化が分かりやすいと思います。

イノベーティブブレンド
味わいの特徴・ブレンド内容

ブレンドの技法の最後に、僕がこれまでにリリースした
「イノベーティブブレンド」を例に出して、
味わいの特徴と、それを構築するブレンド内容を
ご紹介しましょう。
バランスを考えて作ったものから、
あえて個性を際立たせて作ったものなどもありますので、
目で見て分かりやすいよう、
レーダーチャートで特徴を表現しました。
このようなブレンドを、僕は作っています。

Don't Know Why Blend (City Roast)

　梅雨のしとしとと雨が降り続くような日にノラジョーンズのDon't Know Whyを聴きながら飲みたくなるブレンド。赤ワインや白ワインを思わせる少し大人な雰囲気とビターチョコの甘さ、ローステッドアーモンドの香ばしさを感じられるコーヒー。アフターテイストに酸味がきらりとひかるように、少し酸味を残しながら焙煎した中深煎り。

【カッピングコメント】

チョコレート、ローステッドアーモンド、ワイン赤と白

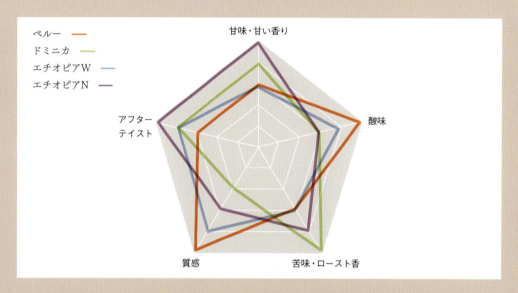

【ブレンド内容】

- Peru San Evaristo Washed
  フローラルと綺麗な酸味、アーモンド
- Dominica Noel Diaz Natural
  赤ワインやチョコレート、甘さ、ナッティー
- Ethiopia Gora Cone Washed
  白ブドウ、爽やかな酸味
- Ethiopia ALAKA Natural
  甘い香り、ストーンフルーツ、甘さ

【味づくりの狙い】

赤ワインや白ワイン、アーモンド、チョコレートの印象を感じられる豆が必要。上記の特徴からペルー、エチオピアのウォッシュドをチョイス。試作してみたところ、もう少し甘い香りや柔らかい印象が欲しいコーヒーになった。そこで、エチオピアのナチュラルを追加し甘さのパートを補う。

Fruity Honey Blend (Medium Roast)

9月の気候に合わせて、暑い日はアイスコーヒーで、台風などの荒天の日は、フルーツのような酸味でキリッと目と身体を覚まして乗り切れるようなブレンド。と言いつつも、実は、今回は僕が飲みたい味わいを作ろうと決めていました（笑）。派手なフレーバーも楽しいですが、僕は酸味の立体感のあるケニアのコーヒーが大好きです。しかし、ケニアのシングルオリジンでは酸味が際立って飲みにくいって方もいるでしょう。そんな方でもケニアを楽しめるようにエチオピアを配合して甘さをサポートすることで非常に飲みやすいフルーティーなコーヒーに仕上げました。

【カッピングコメント】

オレンジ、ハチミツのような甘さ、プラムのような甘酸っぱさ、カカオのような後口

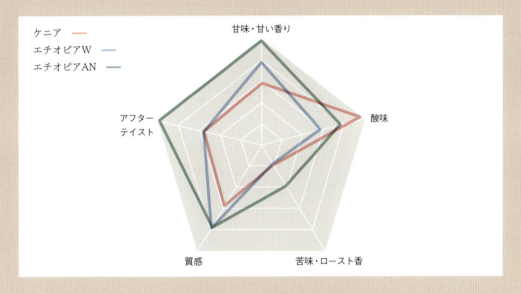

【ブレンド内容】

- Kenya Karatina AA Washed SL28, Ruiru11, Batian
  オレンジ、フローラル、ストーンフルーツ、明るい酸
- Ethiopia Gora Cone Washed 原生品種
  フローラル、ストーンフルーツ
- Ethiopia BeloyaWS Anaerobic Natural 原生品種
  甘い香り、チョコレート、カカオ

【味づくりの狙い】

良質なケニアのバイブラントな酸味を活かしつつ甘さでサポートしたい。そのために、酸味の強度が高く明るい印象のフレーバーを感じられるケニアを選択する。甘さを追加するために、エチオピアを加える。甘さと酸味の複雑性を考慮して、ウォッシュドとアナエロビックナチュラルの2つをチョイス。ウォッシュドの透明感のある甘さと、アナエロビックの発酵感のある甘さと発酵時に生じる独特の酸味を追加することで複雑さを出す。

シュトーレンブレンド (City Roast)

　ラム酒が強めに香る大人なシュトーレンをイメージしたブレンド。ブラジルの生豆にだけ高級ラム酒のロンサカパの香り付け。グアテマラのアナエロビックハニーのシナモンやスイートスパイス香る豆や、ブドウや洋酒、チョコ、ナッツなどのフレーバーがある豆をブレンドしたゼロカロリーのシュトーレンのようなブレンド。

【カッピングコメント】

　　　　　シナモン、洋酒、ブドウ、ローステッドアーモンド、シュガー

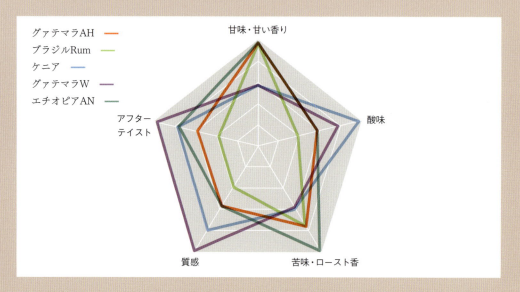

【ブレンド内容】

- Guatemala Anaerobic Honey
  シナモン、スパイス、オレンジ
- Brasil Ron Zacapa23 Infused
  ナッツ、ラム酒
- Guatemala Washed
  ローステッドアーモンド、チョコ
- Kenya Washed
  オレンジピール、プルーン
- Ethiopia Anaerobic Natural
  甘い香り、ブドウ

【配合】2 : 2 : 1 : 0.8 : 1

【味づくりの狙い】

　まずはシュトーレンの要素を分解して考える。シナモンやスパイス感、ナッツ、洋酒漬けのドライフルーツ、オレンジなどのピールなど。よって、シナモン系のフレーバーのあるグアテマラのアナエロビックハニーと、ブラジルにラム酒の香りづけをした豆をメインに選択。そこに、ケニアのオレンジピールやプルーン、エチオピアのブドウやベリーの甘い香り、グアテマラのアーモンドやチョコレートっぽさを追加した。グアテマラとケニアのスムースな質感で全体にまとまりを持たせる。

Sachertorte Blend (City Roast)

　ゼロカロリーのザッハトルテのようなコーヒーを目指したブレンド。カシスやベリー、アプリコットジャムのような甘酸っぱい果実味と、ビターチョコレートケーキのような甘い印象。そのままでもケーキを食べているかのような味わい。ザッハトルテやチョコレートケーキとのペアリングも最高に美味しい。

【カッピングコメント】

ザッハトルテ、チョコレート、カシス、ベリー、アプリコット、アーモンド

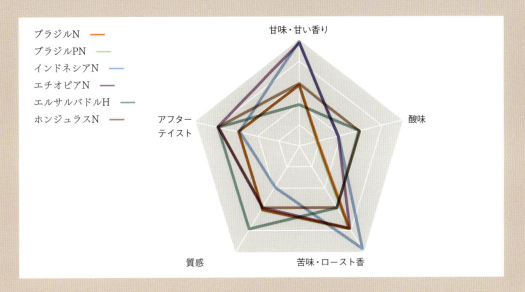

【ブレンド内容】

- Brasil Natural
  チョコレート、ナッツ
- Brasil Pulped N
  アーモンド、チョコレート
- Indnesial Natural
  ベリー、カシス、チョコレート
- Ethiopia Natural
  アプリコット、チョコレート
- El Salvador Honey
  滑らかな質感、オレンジ
- Honduras Natural
  ベリー、アプリコット、チョコレート

【配合比率】2：1.5：1.5：1：1：1

【味づくりの狙い】

　ザッハトルテの要素を分解して考える。チョコレート、カシスやベリー系のジャムやアプリコットジャムのような甘酸っぱいジャム、ココアのスポンジ。ベリー系やアプリコットなどが出そうで、かつ、チョコレート感がある豆をチョイスしていく。自ずとナチュラル系や発酵系の豆が多くなることが予想され、質感にラフな印象が出てきそうなので、エルサルバドルのハニー精製やブラジルのパルプドナチュラルなどで質感のバランスをとる。インドネシアのナチュラルは発酵感強めで少量でもベリーやカシスをしっかり感じるが、やや欠点豆が多いので、焙煎後にしっかりめにソーティングしてフレーバーをよりクリアに仕上げた。

059

Hello Halloween Blend (City Roast)

　ハロウィンらしいブレンドを目指して作ったブレンド。本当はかぼちゃのスイーツのような味わいを作りたかったが、かぼちゃフレーバーの豆が見つからず断念。ハロウィンらしいオレンジやパープル、ブラックなどの色をイメージしやすいブレンドに仕上げた。

【カッピングコメント】

ブラッドオレンジ、ブラックベリー、チョコレート、カシス、スイートスパイス

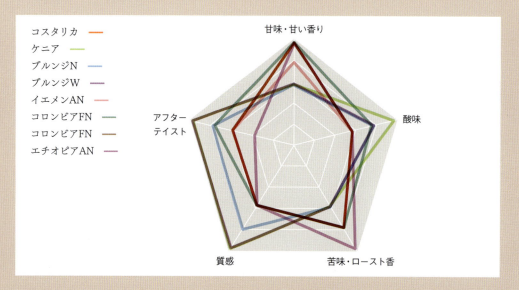

【ブレンド内容】

- Costarica Natural
  ベリー系
- Kenya Washed
  オレンジ、カシス
- Burundi Natural
  ブラッドオレンジ、ベリー
- Burundi Washed
  オレンジ、ストーンフルーツ
- Yemen A-Natural
  ベリー系、スパイス
- Colombia Fermented-Natural（アルコール発酵）
  甘い香り、若干のリキュール感、チョコ
- Colombia Fermented-Natural（乳酸発酵）
  乳酸系の甘い香り、チョコレート
- Ethiopia Anaerobic-Natural
  甘い香り、ベリー

【味づくりの狙い】

　ハロウィンらしい味のイメージをカラーで表すと、オレンジ、パープル、ブラックなど。それをコーヒーのフレーバーから感じるカラーで表現する。オレンジ色はオレンジやブラッドオレンジ、パープルはベリーやカシス、ブラックはチョコレート。それぞれの印象を持ったコーヒーをチョイスし配合を決めていく。かぼちゃや栗のスイーツが多くなるこの時期なので、そういったスイーツともよく合うように少し酸味を残したい。よって、ケニアやブルンジの豆を少し多めに配合した。イエメンのスパイシーさでフレーバーを重層的にする。

五福 (Medium Roast)

　新年のご祝儀的なゲイシャブレンド。五福というのは、書経からの言葉で、「人としての五つの幸福。寿命の長いこと、財力の豊かなこと、無病息災であること、徳を好むこと、天命を全うすること」こんな一年になることを願って作ったブレンド。味わいは、綺麗なフローラル感とさまざまなフルーツを感じられる、幸福感のあるブレンド。お正月の疲れた胃にも優しい、飲み疲れない透き通った印象に仕上げた。

【カッピングコメント】

フローラル、オレンジ、アップル、さくらんぼ、紅茶、レッドカラント

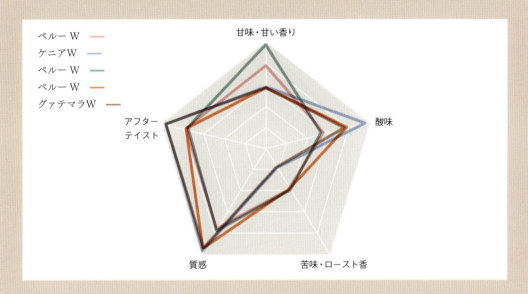

【ブレンド内容】

- Peru Geisha Washed
  フローラル、アップル
- Kenya SL28,34 Washed
  オレンジ、レッドカラント
- Peru Geisha Washed
  フローラル、甘い香り
- Peru bourbon, Cattura Washed
  オレンジ、チェリー
- Guatemala Cattura Washed
  オレンジ、アップル

【配合】2:2:1:1:1

【味づくりの狙い】

フローラル系の香りの他に5種類のフルーツを感じられるように、5種類の豆の品種を使ってブレンドを作るというコンセプト。フローラルや紅茶はゲイシャ由来、オレンジやレッドカラントの印象があるケニア、チェリーやアップルはペルーとグァテマラで表現。全てウォッシュドなので、ゲイシャ以外の豆は酸味がシャープにならないように、焙煎で酸味を少し抑えつつも、ゲイシャのフローラルさをしっかりと感じられるように、少し浅めに焙煎した。

Chocolat "Noir" (City Roast)

　Bean to Bar チョコレートのようなクラフトチョコのフレーバーをコーヒーで表現する。ベリーやブドウ、プルーンのような印象も出ているので、タブレットタイプのチョコレートにドライフルーツが乗った印象のブレンド。サロンdeショコラで購入したチョコレートからインスピレーションを受けて作った。

【カッピングコメント】

クラフトチョコレート、ブラックベリー、グレープ、プルーン、赤ワイン、スパイス、ブラッドオレンジ

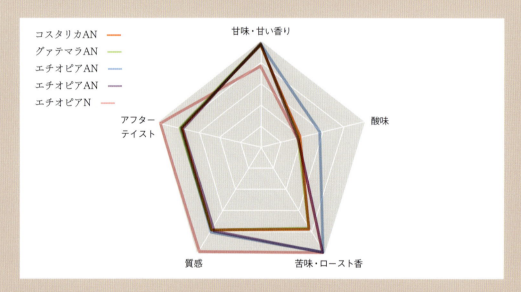

【ブレンド内容】

- Costarica Anaerobic Natural
  チョコレート、グレープ
- Guatemala Anaerobic Natural
  チョコレート、スパイス、オレンジ
- Ethiopia Anaerobic Natural
  チョコレート、ベリー、赤ワイン
- Ethiopia Anaerobic Natural
  チョコレート、プルーン
- Ethiopia Natural
  チョコレート、ベリー、オレンジ

【味づくりの狙い】

ショコラノワールの味の要素を分解していくと、メインはやはりチョコレート。チョコレートの口溶けやアフターテイストを大事にしたい。そこで、精製方法をなるべくアナエロビックに合わせていくことで、焙煎の均一性を上げて滑らかさとアフターテイストを表現していく。しかし、アナエロビックだけでは香りがキツく飲みにくさを感じた。そこに同様のテイストだが、優しい味わいのエチオピアナチュラルを少量入れることで、バランスをとった。

Fresh&Fragrance Blend 2024.3(浅煎り)、2024.4(深煎り)

　新生活の時期に合わせて、新鮮なフルーツを思わせる香りのブレンド。少しドキドキしたり憂鬱だったり色々な感情になるこの時期にスッキリ・シャキッとした気持ちになれるように、応援の気持ちを込めた。略してフレフレブレンド。

【カッピングコメント】

（浅煎り）フローラル、アップル、プラム、オレンジ、ハーブ
（深煎り）ブラッドオレンジ、カシス、チョコレート、ミルキー、アップル、紅茶

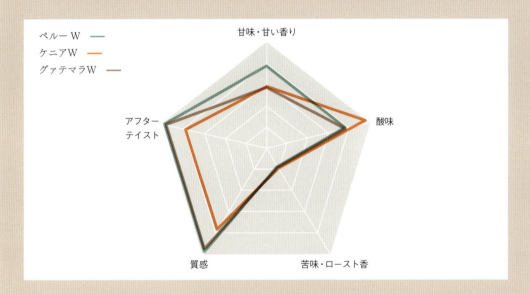

【ブレンド内容】

- Peru Washed
  アップル、フローラル
- Kenya Washed
  オレンジ、ストーンフルーツ
- Guatemala Washed
  オレンジ、ハーブ

【配合】2：1：0.5

【味づくりの狙い】

スッキリ感を表現するため、ウォッシュドのコーヒーをメインでチョイス。似たようなテイストのコーヒーばかりをブレンドするとシンプルになってしまいがちなので、酸の印象の異なる豆を配合することでウォッシュドなのに複雑で様々なフルーツを感じられる。それでいて、スッキリとした味わいと後味になるように仕上げた。酸味が強くなりがちなので、メイラードフェーズを少し長めにしつつもしっかりとカロリーを加えることで甘さを引き出し、フルーティーで飲みやすいコーヒーになるように焙煎で微調整をした。

水菓茶 (Medium Roast)

　台湾で飲んだフルーツティーからインスピレーションを受けたブレンド。水菓子（フルーツ）とお茶を組み合わせたネーミング。本物のフルーツを中国茶のような発酵茶に入れたような味わいを目指したブレンド。

【カッピングコメント】

フローラル、オレンジ、ストロベリー、ブルーベリー、ブラウンシュガー、カラメル、ハチミツ、ブラックティー

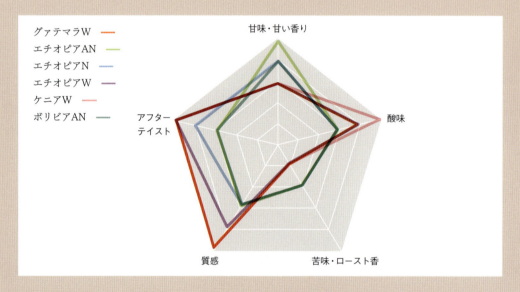

【ブレンド内容】

- Guatemala Washed
  フローラル、オレンジ、ティー
- Ethiopia Anaerobic Natural
  ベリー、甘い香り
- Ethiopia Natural
  ベリー
- Ethiopia Natural
  フローラル、チェリー
- Kenya Washed
  オレンジ
- Bolivia Anaerobic Natural
  中国茶、甘い香り

【味づくりの狙い】

中国茶のような印象のあるボリビアのJAVAをメインフレーバーにしながら、フルーツの印象を加えていく。ボリビアが多すぎると中国茶の印象が強くなりすぎるので、フルーツ優位になるようにギリギリの配合を狙った。ベリーやフローラル、オレンジなどのフレーバーを加えつつウォッシュドを全体の半分以上になるようにしてお茶のようなスッキリ感を表現した。グァテマラにもブラックティーのフレーバーが感じられたため、ボリビアとグァテマラを合わせた比率でお茶っぽさのコントロールを行なった。

Geisha Blend #75 (Medium Roast)

イベント限定の豪華版！ ゲイシャ種を75%使用した贅沢なブレンド。特別なときの一杯や至福の時間を過ごすお供に。甘くて複雑なフレーバーなのに、クリアで飽きのこないコーヒーを目指した。

【カッピングコメント】

フローラル、ラズベリー、ピーチ、プラム、グレープ

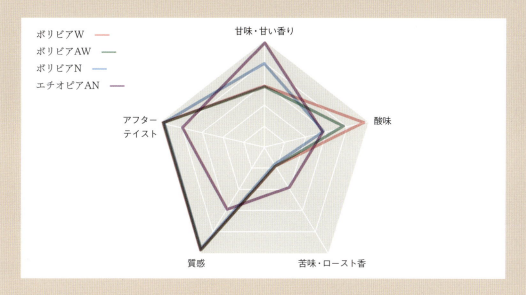

【ブレンド内容】

- Bolivia Floripondio Geisha Washed
  ジャスミン、オレンジ、プラム
- Bolivia Las Alasitas Geisha Washed
  ジャスミン、ベリー、ホワイトグレープ
- Bolivia Las Alasitas Geisha Natural
  ベリー、フローラル
- Ethiopi Anaerobic Natural
  ベリー、ピーチ、カカオ

【配合比率】1 : 1 : 1 : 1

【味づくりの狙い】

当初はゲイシャのみを使用するつもりだったが、チョイスしたゲイシャが綺麗な印象すぎてインパクトに欠けた。綺麗すぎるコーヒーは玄人にはうけるが、多くの人にわかりやすい美味しさを感じてもらうには少しインパクトが欲しい。そこで、とても派手なフレーバーのあるエチオピアを加えることで、フレーバーを補い、アナエロビック特有の酸味を追加することでより、複雑さを出すことができた。

豆ニモマケズ　2024.6 岩手（Medium Roast）

　発酵系のわかりやすいフレーバーとベリーやオレンジ、ブドウを思わせる優しい酸味、ほどよいビターさと香ばしさが調和したバランスの良いブレンド。岩手コーヒーフェスのために作ったブレンドで、ネーミングは宮沢賢治の有名なあの一節から。インドネシアはCOEを受賞したものを使用しインパクトのある豪華なブレンドに仕上げた。

【カッピングコメント】

ブルーベリー、アーモンド、ブラッドオレンジ、グレープ、ミルクチョコ

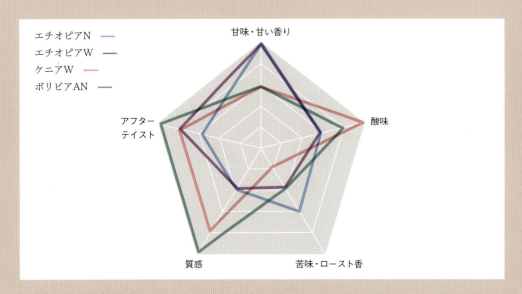

【ブレンド内容】

- Indonesia Honey
  ベリー、グレープ、発酵感のある香り
- Indonesia Natural
  ベリー、チョコレート
- Kenya Washed
  オレンジ、プラム
- Colombia Washed
  アーモンド、スムース、ゆず

【配合】2：2：1：1

【味づくりの狙い】

インパクトのある発酵系の豆で、誰にでもわかりやすいハッとするフレーバーを表現したい。そのために、インドネシアのしっかりと発酵したCOEの豆を2種類チョイス。発酵系の豆は焙煎時に焦げやすく、質感に少し阻害要素を感じやすい。そこで、ウォッシュドの豆をブレンドすることで質感のスムースさを補完する。インドネシアはベリー系が強くでるので、オレンジなどの柑橘系やストーンフルーツの印象とスムースな質感のケニアとコロンビアを配合した。それによって、インパクトある香り、様々なフルーツ、心地よい質感を表現できた。

066　chapter 5 〈ブレンドの新しい技法〉

chapter 6

コーヒー焙煎の
理論と技術

コーヒー焙煎を行うための、
基本的な知識と技術を中心にご紹介します。
あわせて、ブレンドをつくる際の焙煎時に
注意したい点も解説します。
初めて焙煎に取り組む方にも、分かりやすく
参考しやすい内容になっています。

焙煎の基本と考え方

焙煎の基本

まず、何故焙煎をする必要があるのか、という根本から説明しましょう。

第一に、生豆の状態だとコーヒーの味が出ないからです。コーヒー豆の細胞壁は固く、そのまま抽出しても中の成分がちゃんと取り出せませんし、コーヒーらしいフレーバーもほぼありません。焙煎時に熱を加えることで、コーヒー豆が膨らみ、細胞壁がもろくなります。すると粉砕することができ、内部の成分が抽出されやすくなるのです。

第二に、コーヒーのフレーバーの成分を作るためです。焙煎により内部の成分が化学変化を起こし、香りや酸味の成分（ポジティブ要素）を作っていきます。

第三に、生豆に元々含まれているけれど、コーヒーの味や香りとしては、あまり好ましくない成分（ネガティブ要素）を消失させるためです。

以上の三つが基本で、特に第二、第三は重要です。そこから先に味作りがあります。

焙煎の目的

コーヒー豆の細胞壁内に含まれる成分は、多糖類や脂質、カフェインをはじめとして何百種類もあるとされていて、非常に複雑。品種や生産地など様々な条件によって成分の構成は異なり、いまだに全ては解明されていないようです。その中から、どんな個性のコーヒーにするか、という狙いに沿って焙煎のプロファイル（レシピ）を組みたて、焙煎をしていくのが、コーヒーの味づくりです。

焙煎の目的は「生豆を煎り、おいしいコーヒー豆にする」こと。この「おいしい」ことが何より重要です。より専門的に言うと「生豆に熱を加え、内部の成分に化学変化をおこす」ことです。焙煎者には、コーヒー豆のポテンシャルを見極め、ネガティブ要素を出さないようにしつつ、ポジティブ要素を最大限に引き出す適正なプロファイルを組みたてるスキルが求められます。

豆の産地情報を知る

生豆は、煎ることでコーヒー豆にはなりますが、おいしいコーヒーになるとは限りません。おいしいコーヒーにする焙煎のファーストステップは、素材を知ること。素材への理解があると、焙煎時にアプローチしやすくなります。

最初はコーヒー豆の産地と環境を知ること。コーヒーの味は産地ごとにそれぞれ特色があります。さらに同じ産地でも標高の高さなどで味が違ってきます。一般的に、高い標高で栽培されたコーヒー豆は、密度が高く、硬いことが多い傾向にあります。また多湿な環境かドライな環境かによって、実の成熟や、生豆に含まれる水分量も変わってくるなど、産地の環境は生豆の特色に関わってきます。

コーヒー豆の品種の情報も大事です。ブルボン種だと丸い感じでコロンとしていたり、ゲイシャ種だとちょっと尖っていたりと、品種によって形状が違います。先端の尖った部分は焙煎する時に焦げやすそうとか、予測ができますよね。

精製方法の情報も参考になります。ウォッシュドやナチュラル、さらに最近はアナエロビックなど色々な精製方法が出てきていますが、精製方法によって火の入りやすさが違ってきます。

生豆の情報量は、輸入会社によって大分違い

068　chapter 6 ＜コーヒー焙煎の理論と技術＞

ます。産地や精製法の情報は大体出してくれますが、水分値や密度まで公開してくれるところもあれば、産地情報だけのところもあります。

まず、手と鼻と目で確認

豆の産地情報の次は、豆の状態を確認します。

私の場合、生豆が届いたら、まずは触って重さや質感、サイズなどを確かめたり、匂いをかいだりします。固くてカラカラに乾いたもの、ウェットで重量があるものなど、豆の個性はさまざまです。

香りも、フルーティーな香りだったり、小麦粉っぽい香りだったり、酸化したような香りだったりと、それぞれ異なります。

色を見るという人もいますね。ナチュラルは黄色みがかっていたり、ウォッシュドは緑っぽかったり。色がついている豆は発酵が進んでいている可能性があるので、もしかしたら火が入りやすいかも、などと判断していきます。

匂いや見た目のチェックはあまり体系的に学べない部分ではありますが、焙煎時にキーとなる要素です。その意識を持って毎回チェックしていくことで、知識が蓄積し、後々のスキルアップにつながると思います。まずは自分の五感でチェックした後、水分計や密度計といった計測器具を使い、数値を出します。

サンプルロースト

素材のことを把握して初めて焙煎作業にうつるのですが、いきなり大きな焙煎機で焙煎する

のはリスクが大きすぎますから、サンプルロースターで少量の焙煎を行ないます。インポーターからの情報で、豆のだいたいのイメージはつかめるのですが、やはり焙煎してみないと分からない、というのが私の持論です。

サンプルローストでは、焼いた豆のフレーバーや酸の質、甘さの感じなど個性を判断します。また火の入りやすさについては、実際焼いてみないと分かりません。火が入りやすいということは、それだけ焦げやすいということですので、焦がさないようなプロファイルづくりが必要になります。

火が入りにくい豆は、周りは焼けていても中に火が入りにくくて生焼けになりやすい場合と、全体的に火が入りにくく焙煎がなかなか進まない場合があります。その時の豆はどちらなのか、密度や水分量なども考慮し、プロファイルを作ります。

サンプルローストでは、豆の膨らみ具合もチェックします。火が入ると豆は膨らみ、大きくなります。そうすると中の細胞壁ものびて、その分薄くなり、挽いた時に割れやすくなります。その割れたところから抽出時に水が入っていき、中の成分が出ていきます。

つまり膨らみやすさや豆の大きさなどは、抽出の際の味の出やすさに関わってくるのです。豆の膨らみの大きさや膨らみやすさには差があり、普通に焼くとまったく膨らまない豆もあります。ここもサンプルローストの際に確かめておきたいポイントの一つです。

なお、サンプルロースターでは、どの豆でも毎回同じプロファイルで焙煎します。同じプロファイルで焙煎することで、その時の豆の状態や他の豆との違いが分かります。その後、カッ

ピングを行なって、豆のネガティブ要素、ポジティブ要素含め、火の入りやすさや味の出やすさなどを多面的に把握します。

注意しておきたいのは、焙煎機の違いです。電気式のサンプルロースターで50g焙煎するのと、直火式の5kg焙煎機で焙煎するのとでは条件が大きく異なります。そこも加味してプロファイルを作成します。

プロファイル作成

豆を触って直接確認するだけでなく、物理的状態についても確認します。それが以下の3つの要素です。

①スクリーンサイズ（大きさ）
②密度（固さ）
③水分値（含水率）

これらはプロファイルを作る上で必要な要素ですので、詳しく解説しましょう。またそれぞれの要素ごとに、焙煎時に注意する点についてもここで触れておきましょう。

①スクリーンサイズ

スクリーンサイズは、品種によってもかなり違いますが、同じ品種でも結構大きさにバラつきがあります。スクリーンサイズがあまりにも違い過ぎると、焙煎の際に一緒に焼くことが難しくなります。

ステーキに例えると、塊状態の肉と、角切り状態のサイコロステーキを一緒に焼くと、サイコロステーキの方が早く中まで火が通ります。サイコロステーキに合わせると塊肉は生焼けの状態。塊肉が焼けるまで焼き続けると、サイコロステーキは焦げてしまう。それと同じような

水分・密度計測器　　　　　　　　　　　　　ローストカラーアナライザー

ことが焙煎でも起きてしまうのです。

　スクリーンサイズの大きな品種として、パカマラ種やリベリカ種、マラゴジッペ種などがあげられます。生豆が大きい場合は、豆の中心部まで熱を伝えるのに時間がかかります。中心に火が通っていなかったり、豆の表面と内部とで火の入り方に差が出たりしやすいので、注意が必要です。

　僕は焙煎後、焙煎度合いを計測するローストカラーアナライザーを使って、火の通り具合の指標として色の内外差を確認しています。ちなみに内外差があるのが悪いという訳ではありません。差によって生じる味わいが、焙煎者の意図するものならば問題ありません。

②密度

　生豆の体積に対する重量で値を出します。例外はありますが、密度が高いと豆が硬く、密度が低いと豆は柔らかいことが多いです。豆によってかなり違っていて、カチカチだったり弾力があったりと手で触ってみてもある程度分かりますが、こちらも専用の計測器で計測して数値を出します。

　焙煎時、生豆に熱が加わることで豆が膨らみ、細胞壁自体がもろくなり、コーヒーの成分が抽出されやすくなります。この時、密度の高い豆だと細胞壁が壊れにくい、つまり抽出がうまく行かない豆になるので、その対策が必要です。

③水分値

　生豆に含まれる水分のことです。手で触ってもウェットだったり、カサカサしたりと感じるくらい、かなり違いがあります。こちらも専用の機器で計測して数値を出します。この水分値は、精製時の乾燥工程と保存状態によって左右されます。

071

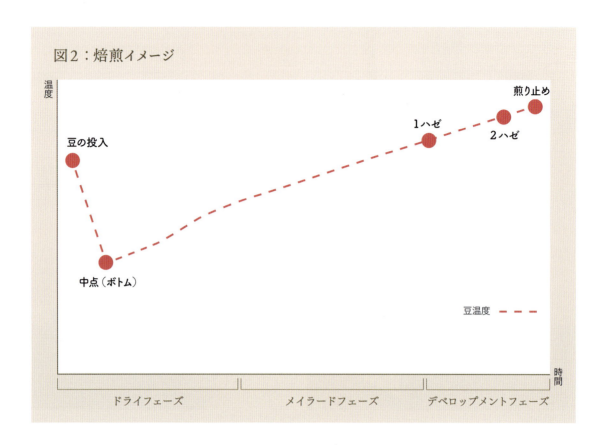

基本の焙煎

　基本な焙煎の作業を、プロファイルのグラフに沿って説明しましょう（上の図2参照）。

　まず焙煎機を予熱し、焙煎ドラム全体が温まったら生豆を投入します。投入の際は、タイムラグがあると煎りムラに繋がるので、一度に投入することが大事です。

　釜に豆が入ったら、プロファイルに沿って時間と温度を調整し、焙煎します。煎り止めのタイミングで焙煎扉を開き、冷却槽に流し出し、冷まします。このように焙煎は、工程上は非常にシンプルです。

　焙煎の工程は釜への生豆の投入から煎り止めまでが、一つの流れになっていて、その一連の流れは、大きく次の3つに分けられます。焙煎者はフェーズごとに温度や時間などのプロファイルを考えることが多いので、この流れは頭に入れておきましょう。

初期：ドライフェーズ
中期：メイラードフェーズ
後期：デベロップメントフェーズ

● ドライフェーズ
　ドライフェーズは、生豆の投入から豆が黄色に色づくまでの時間。生豆が温まり、水分が蒸発して化学反応が起こる前の段階です。通常、生豆は薄緑色をしています。それがドライフェーズで徐々に色づきはじめ、黄金色～やや茶色（ゴールドカラー）に変わるとメイラードフェーズに入った合図になります。カラーチェンジ。

● メイラードフェーズ
　メイラードフェーズは、豆が色づいてから1ハゼ（豆の爆ぜ始め）までの時間。色づきには、2

種類の化学反応が関係しています。一つはメイラード反応。糖分とアミノ酸が結合して茶色くなっていき、香りが出てくる化学反応です。もう一つがショ糖のカラメル化反応。砂糖を加熱する時に焦げるのと同じで、糖分が褐変していく化学反応です。どちらとも生豆に含まれる糖分を使うのですが、メイラード反応の方はアミノ酸も使います。この二つの反応が色付きと、香りなどにも関わってきます（メイラード反応とカラメル化反応の温度帯は、右下の表2を参照）。

メイラード反応は常温でも起こります。味噌など長期熟成させたものは茶色くなりますよね。常温では緩やかに反応しますが、焙煎の場合120℃以上の高温になるため速やかに反応が進みます。カラメル化反応の方も、同じくらいの温度帯で反応が進みます。

生豆の中心部まで両方の反応をおこすことで、フレーバーがしっかり発達します。

メイラードフェーズの後半ぐらいから、豆に含まれる水分が急激に蒸発するようになっていきます。気化熱の影響で熱が伝わりにくいので、カロリーが足りないと反応が緩やかになりベイクドのようなテイストになってしまいます。メイラードフェーズを短くするか長くするか、どのようにカロリーを加えるかで、コーヒーのテイストは全然違ってきます。

生豆に含まれる有機酸の種類は、クエン酸やリンゴ酸、クロロゲン酸などたくさんあるのですが、その中には焙煎の過程で消失するものもあれば、増えてくるものもあります。その豆の特性を見極め、どの酸を活かしたいか、消したいかを考え、焙煎のプロファイルを変えていきます。

●デベロップメントフェーズ

デベロップメントフェーズは、1ハゼがはじまってから焙煎終了までの時間。豆の表面と中心部の温度差が縮まり、風味成分が増加します。

メイラードフェーズで起きている反応は、糖分がある限りここでもずっと続いていきます。ただ1ハゼ以降は、反応が加速度的に進行します。ハゼることにより豆の外側が割れるので、割れたところから直接火が入るようになる。そこで化学反応が急激に進むようになるのです。

深煎りにしていくと、ほとんど糖分がなくなってきます。逆に、1ハゼギリギリのあたりで焙煎を止めると、穀物の甘みというか、すごく甘い仕上がりになります。その後、焙煎を進めるとこの甘さがだんだん減っていき、香りがつよくなっていきます。

一方、深煎りも甘いと感じますが、この甘さは元々生豆の糖分によるものではなく、焙煎によって出てきた甘い香りの成分によるもの。成分検査をすると、超深煎りなどはほぼ糖分はなくなっているのですが、なぜか甘く感じる。バニラエッセンスなども糖分はないのに甘く感じるかと思いますが、そのようなものですね。

一番甘さを感じるのはどのあたりかと聞かれるのですが、たぶん中浅、ミディアムローストあた

表2：メイラード反応とカラメル化反応の温度帯		
メイラード反応	起こる温度	約140℃～160℃（285°F～320°F）
	活発になる温度	約160℃～180℃（320°F～355°F）
カラメル化反応	起こる温度	約160℃～180～（320°F～355°F）
	活発になる温度	約180℃～200℃（355°F～390°F）

りではないかと言われています。甘い味と甘い香りが両立するポイントです。ただ同時に酸も関係してきますし、豆による部分もあるので難しいところです。

焙煎の実践

これまで焙煎の基礎知識についてお話ししてきました。ここから実際に生豆からの焙煎を工程順に紹介していきます。

焙煎工程そのものは、釜への生豆投入から煎り止めまでをさしますが、その前後にもやるべきことが多くあります。まず焙煎機まわりの環境確認、豆の準備、焙煎機の予熱です。そして焙煎工程を経た後には、機器やカッピングでの焙煎豆のチェック、ハンドソーティング。そして豆を販売されている方は、最後に袋詰めの作業があります。

焙煎機のタイプや設置方法などにより、手順もプロファイルも変わります。ここでは私の事例を紹介します。右の表3の「焙煎の手順」に沿って、順に説明をしていきましょう。

①焙煎機の掃除と確認

焙煎機は火を使い、しかも高温になる機械。火災につながるおそれもありますので、焙煎機の周囲に余計な可燃物がないか、普段と違うところがないかを必ず確認してから焙煎にのぞみます。

私の場合、サイクロンのダストボックスにたまったチャフ（コーヒーの薄皮）は、焙煎終了後ではなく翌朝の焙煎開始前に取り出すようにしています。焙煎直後だとチャフにまだ火の粉がついている可能性があるので、すぐにゴミ袋に入れると他のゴミに火が燃え移ることも考えられるからです。

②焙煎機の予熱

パンやお菓子を焼くオーブンと同じで、焙煎機も豆を焼く前に点火し、焙煎機の温度を上げます。いわゆる暖機運転です。

最初から強火にすれば、釜は5〜10分ほどで280℃くらいまで上がりますが、僕の場合、一旦温めては冷まし、また温めるを繰り返しながら、一時間ほどかけてじっくり予熱をします。他の

表3：焙煎の手順

01 焙煎機の掃除と確認
▼
02 焙煎機の予熱
▼
03 豆の計量
▼
04 水分値・密度計測
▼
05 ハンドソーティング
▼
06 焙煎作業
▼
07 冷却
▼
08 焙煎度計測
▼
09 カッピング
▼
10 ハンドソーティング

方に比べかなり長いと思います。

ここまで時間をかけて予熱するのは、焙煎機全体をしっかり温め、1バッチ目（その日の最初の焙煎。焙煎1回分を「バッチ（batch）」と呼びます）から安定した仕上がりにするためです。ドラムだけではなく焙煎機全体を芯まで温めておかないと、バッチを重ねるごとに焙煎機の温度上がっていき、バッチ間のブレが生じてしまうからです。そうするとバッチによって仕上がりに差が出てしまいます。最初から最後まで同じクオリティで焼くための、長時間予熱なのです。

ただ、これはあくまで私の店の焙煎機の場合で、海外製の蓄熱性の高い焙煎機を使う際は、ここまで長い時間をかけなくてもいいかもしれません。また、人によって、考え方によっても、予熱方法は異なります。

予熱中も安全を最優先に、焙煎機の近くから離れないようにしましょう。

③豆の計量

予熱をしている間に、焙煎する豆の準備をします。

④水分・密度計測

豆を水分・密度計測器で計測します。プロファイルをつくる際に一度計測していますが、日数が経つと値は変わるもの。豆の状態変化を数字で把握しておきます。

⑤ハンドソーティング

バットとザルを重ねて生豆を200g程度入れ、欠点豆や異物がないかをチェックします。

⑥焙煎作業

予熱が充分にされたら、準備した豆をホッパーに投入します。ホッパーも熱くなるので、ホッパー内に豆を入れている時間は毎回一定にします。基本的にはプロファイルに沿って焙煎しますが、テストスプーンで豆の状態を確認し、適宜ダンパーや火力を調整し、対応していきます。

⑦冷却と次の焙煎手順

目標の焙煎度で煎り止めたら、釜から出してすばやく冷却します。焙煎により豆自体が持つ熱で、さらに焙煎が進まないようにするためです。冷却槽に排出された焙煎豆が完全に冷めたら容器に移します。

この時点で、釜の温度は下がっていますので、再度加熱してすぐに次のバッチに移ります。僕の場合、深煎りからはじめてその日の焙煎の調子をつかみ、その後で、より神経を使う浅煎りに移ります。

気候の変化など外的要因の影響を受けないよう、焙煎日はなるべくまとめて、1日に10〜15バッチを連続で焙煎します。とはいえ、エアコンなどの影響で室内温度が変わると、徐々に生豆温度も変わるので、微調整は都度必要になります。

色の変化やハゼのパチパチという音、香りの移り変わりと、焙煎は五感の集中力と判断力が重要な作業。慣れない方は無理をせずに数バッチずつからはじめて、クオリティを落とさないようにしましょう。

⑧焙煎度計測

ローストカラーアナライザーを使い、焙煎度合いを計測します。豆の状態と挽いた粉の状態と2回計測し、豆の表面と内部、それぞれの火の入り方をチェックします。

⑨カッピング

焙煎豆が目指す味になっているか、カッピングで確認します。この時のカッピングが、焙煎で一番重要な作業といってもいいかもしれません。

僕はSCA（スペシャルティコーヒー協会）方式を参考にして行っています（chapter 4参照）。カッピングする際は、常に同じカップとスプーンを使うようにします。

⑩ハンドソーティング

再度、欠点豆がないかチェックします。ハンドソーティングが終わった焙煎豆は、密封袋に入れて専用の冷蔵庫で保管します。

豆のネガティブ要素とは

焙煎を終えたコーヒー豆は、目指す味わいが出せているかどうか、必ずチェックします。チェックするのは、ネガティブ要素とポジティブ要素の確認です。

ネガティブ要素もポジティブ要素も、焙煎した豆をカッピングすることで見つけます。これは、ハンドドリップで得たコーヒー液だと、抽出テクニックでおいしく淹れてしまえるため、豆そのものの風味がとりづらい、というのが理由です。

まずはネガティブ要素から解説しましょう。カッピングでネガティブ要素を見つけたら、それがもともと生豆にある成分由来なのか、焙煎によって起きてしまった成分なのかを判別します。

例えば、渋みの原因となるクロロゲン酸は、生豆に多く含まれる成分。しかし熱を加えることで分解されるため、焙煎後の含有量は減少します。したがってこれは、生豆由来のネガティブ要素となります。

焙煎由来で言うと、分かりやすいのは焦げの香りです。焦げからくるピリピリした刺激もそうです。逆に焙煎が浅すぎることで生じる、穀物の香りや生豆っぽい香りも、焙煎由来のネガティブ要素。

生豆由来の場合は焙煎でネガティブ要素を焼失、もしくは減少させるプロファイルに、焙煎由来の場合はそのネガティブ要素が生じないプロファイルに、それぞれ修正して対応します（生豆の物理的状況①スクリーンサイズ②密度③水分値への対応は、77ページ表4を参照してください）。

表4：豆の主な物理的状態と対応策

スクリーンサイズ	スクリーンサイズが大きな豆	・ドライフェーズでしっかりと内部までカロリーをかける、もしくはメイラードフェーズを長めにし、豆の中心まで火が入るようにする。単に火力を強めるだけでは、表面は焼けても中まで充分に火が入らない。逆に火力を下げて時間をかけすぎると、ポジティブ要素が消えてしまう。さまざまな要素を考慮し、火力やガス圧などの調整をする。
	スクリーンサイズが小さい豆	・すぐに中心まで熱が伝わるので、やさしく火を入れる。具体的には、豆を焙煎機に投入する時の温度を少し下げたり、ガス圧を少し落としたりする。 ・メイラードフェーズ、デベロップメントフェーズを短めにする。
密度（硬さ）	硬い豆	・硬い豆は中心まで熱が伝わりづらいので、抽出で成分をきちんと取り出せるようにするには、ドライフェーズで中心までしっかりとカロリーをかけ、その後もしっかりと適切にカロリーを与えることで豆を膨らませ、細胞壁を壊れやすくする。
	柔らかい豆	・密度が低い豆、つまり柔らかい豆（良質なスペシャルティコーヒーで密度の低い豆は、あまりない）は、火の通りが早いので焦げやすくなる。特にデベロップメントフェーズは急激に温度上昇が進む場合があるため、火力を下げて時間を短めにする。
水分値（含水率）	水分値が高い豆	・水分値が高いと、デベロップメントフェーズ時に気化熱でRoR（Rate Of Rise〜温度上昇率）が下がり気味になるため、メイラードフェーズからしっかり火を入れる。 ・ダンパーをずっと閉めているとこもった味になりがちなので、メイラードフェーズ以降、ダンパーを開放するのがおすすめ。
	水分値が低い豆	・水分値が低い場合は表面が焦げやすいので、豆を焙煎機に投入する時の温度を少し下げる。まはたガス圧を上げるスピードを緩やかにする。 ・メイラードフェーズの後半からは、ガス圧と火力を少しずつ下げる。 ・一ハゼ以降は特に表面が焦げやすいので、要注意。調節する。

ネガティブ要素への対応

ネガティブ要素には、どのように対応するのか。SCA方式を参考に、僕の場合は78ページの表5に示した要素を代表的なネガティブ要素と捉えて対処しています。

アストリンジェントとドライは、焙煎時間をのばせば消失しますが、時間が長くなるほど酸味やフレーバーといった特徴も弱くなるので、そのバランスの見極めに気を配る必要があります。

穀物や生豆の香りが強い場合は、特に注意したいところ。豆の表面温度は上がっているけれど、豆の中心部は低温のままだった、という場合におこりやすくなります。この香りがあると、アストリンジェントやドライなどのネガティブも出ているケースが散見されます。使う焙煎機にもよっても対応策は異なりますが、ドライフェーズで温度を上げる、もしくはメイラードフェーズで少し時間を長めにとる、デベロップフェーズを延ばすetc.など、プロファイルを適宜修正します。

このようにネガティブ要素をなくすには、原因を探り、新たなプロファイルを試していくしかありません。特にハーシュは原因となりうるポイントが多く、何パターンも検証を繰り返す場合もあります。地道な作業ですが、自分がネガティブを感じた以上、見過ごすことはできません。

味づくりの注意点

　味づくりに関しては、あくまで焙煎者の考え方次第です。ネガティブ要素がすべてダメということではありませんので、注意してください。「この豆はアストリンジェントを残したい」という人や、「酸味やフレーバーが弱くなったとしても、とにかくネガティブ要素を出さない」という人がいてもいいと思います。

　焙煎者それぞれの考え方、感じ方はもちろん、使う焙煎機やその設置環境によってもプロファイルは大きく異なります。同じ豆を焙煎するにしても、プロファイルは千差万別。正解はひとつではありません。

　僕個人としては、現地の生産者が丹精込めてつくったコーヒー豆ですから、そのテロワールをできるだけ残すため、極力短時間で焙煎しつつ、ネガティブ要素を出さないよう中心までしっかり火を入れる、ということを意識しています。粒が揃った良質な生豆を使うことが前提ですが、時間の目安は1バッチあたり7〜10分を理想としています。

　また、生豆が環境の悪い倉庫で保管されると、鮮度が悪くなり、枯れた木や草のような風味になってしまうことがあります。これは信頼できる取引先とお付き合いをすることで防ぐしかありません。それでも、輸入までの間に検査でグレインプロに穴を空けて豆をとるなど、袋の損傷の可能性などがあるため、完璧ではありません。

表5：コーヒー豆の代表的なネガティブ要素

	ネガティブ要素		考えられる原因
質感に関するもの	アストリンジェント	渋み、舌が乾くような感覚	通常は焙煎中に減少するが、カラーチェンジ以降の時間が短すぎるなど、豆の中心まで火が入っていないと残りやすい。
	ドライ	喉が渇くような、引っかかるような感覚	通常は焙煎中に減少するが、デベロップメントタイムが短すぎるなど、豆の中心まで火が入っていないと残りやすい。
	ハーシュ	喉や口蓋が引っかかるような感覚、ピリピリ感	カロリーが過剰になり焦げてしまった。生豆投入時の温度が高かったり、火力が強すぎたり、排気が足りていなかったり etc. 焙煎のどのフェーズでもおこることがある。
フレーバーに関するもの	ベイクド	ポップコーンのような香りやボヤけた酸味	焙煎時、特にメイラードフェーズ以降の温度上昇がうまくいかなかった時に起きやすい。
	アンダー	生豆っぽい香りやシリアルのような香ばしい穀物臭	焙煎が浅すぎる。豆の内部のフレーバーの発達がされていない。その分、糖が残っているので甘い味は感じやすい。
焙煎由来のもの	オーバー	深い、ロースティ	焙煎度合いが深い。※浅煎り豆の場合はネガティブとされるが、深煎り豆の場合はOK。
	ティッピング、フェイシング	スモーキー、アフターテイストが短い	火力や蓄熱が強すぎた、または、排気が足りず内圧が高まり過ぎた。表面や胚芽の焦げ。

078　　chapter 6 ＜コーヒー焙煎の理論と技術＞

豆のポジティブ要素とは

ポジティブ要素は、アロマ、フレーバー、クリーンカップ、アフターテイスト、酸味の特徴、質感、甘み、バランスなどで、カッピングではこれらもチェックします。

ネガティブ要素は生豆由来のものと焙煎由来のものとがありますが、ポジティブ要素になり得る成分は生豆由来のものしかなく、焙煎や抽出で新たに付け加えることはできません（※焙煎による副産物は除く）。

近年ではアナエロビックなど、香りの出方を変える特殊プロセスもありますが、これも私たちの手元に届いた時点では決まっています。焙煎では、豆のポテンシャル以上のものは出せないのです。

ただ、酸の強度に関しては、ある程度コントロールができます。先述した通り、コーヒー生豆には何百種類もの成分が詰まっていて、酸にも様々な種類があります。代表的なものでいえば、クエン酸、リンゴ酸、乳酸、リン酸、酢酸、キナ酸あたりでしょうか。これらは焙煎時に熱を加えることで徐々に形成されていき、やがて消失していきます。

酸が強すぎるときは、メイラードフェーズやデベロップメントフェーズを少し長めにすると、おだやかになります。逆に酸がぼんやりしている場合には短くすると、輪郭がハッキリしてきます。

僕は、焙煎度合は単純にお客様や提供する人の好みだと思っています。豆によって合う焙煎度合というのは、それほど決まっていない。だから素材(生豆)のいいものを仕入れて、あとは浅煎りや深煎りなどそれぞれプロファイルをちゃんと作って焼けば、おいしいコーヒーになると思っています。

シングルオリジンとブレンドの焙煎

シングルオリジンの場合、浅煎りで提供されることが多いのではないでしょうか。それは、シングルオリジンではテロワール（産地の地理的条件や気候条件）の微妙な差を感じてもらいたい場合が多いからだと思います。

シングルオリジンを扱っている人は、農園のことや産地の細かな情報をプレゼンテーションしますよね。しかし深煎りだとどうしてもローストフレーバーが出て、繊細な部分がマスクされてしまい、分かりにくくなってしまう。それなら浅煎りの方がいいというのが最初の流れだと思います。

ブレンドの配合は好みですが、僕はお店では、ブレンドの配合をまったく同じにし、ミディアムローストとシティーローストで焼き分けて提供しています。同じ配合でも、ちょっと浅めとちょっと深めみたいな感じで、両方とも店で販売しています。

アフターミックスとプレミックス

ところで、ブレンドを作る場合、焙煎に2通りの方法があります。それがアフターミックスとプレミックスです。

いつ豆をミックスするかが、最初の分かれ道になってくるのです。プレミックスは生豆をブレンドしてから焙煎する方法。もう一つは逆で、1種類ずつ焙煎してからブレンドする方法。

プレミックスで焼く場合、豆の大きさや密度、固さ、水分値が全然違うものを一緒に焼くのは、非常に難しいので、プレミックスだけで焙煎すると決めてしまったら、選べる豆に制限がかかってきます。例えば大きい豆と小さい豆を一緒に焼くと、大きい豆は上手く火が入らず、小さい豆は焦げてしまいます。大きさの他にも、豆の密度や水分値も可能な限り揃えた方がいい。意図的にネガティブな印象にならない範囲で火の入れ方に変化をつけるのは有効だと思います。

味作りの面でいうと、アフターミックスで焙煎し、味を確かめて配合をもう一度微調整してブレンドし、提供するのが一番よさそうではありますが、作業効率的に難しい。大きさなどがすごく違うけれど、どうしても味わいの面で必要だと判断した時には、やることもあります。

作業効率の他にも、プレミックスには安定しやすいという利点があります。アフターミックスだと、5種類の豆をブレンドする場合、5回焙煎する必要があります。その場合5回とも狙い通りに焙煎することは難しい。ちょっと浅かったり、ちょっと深かったりするものが出てきて、バランスが崩れやすくなる。焙煎1回だけのプレミックスの方が失敗しにくく、突飛な味になりにくい。どちらも一長一短があります（81ページ表6参照）。

火の入り方が違う豆同士を、どうしてもプレミックスで焼きたいという場合は、昔の言い方でいうと「足並みを揃えてあげる」ことです。焙煎時間を少しだけのばし、やさしく火を加えることで、火が入りにくい豆がよく焼けるように、火が入りやすい豆を焦がさないようにしてあげる。

ただ単純に長く焼けばよいという訳ではないので、メイラードフェーズのところをちょっとのばしたり、デベロップメントフェーズでは排出するまでの時間自体をのばし、焙煎度合に変化をつけたりという方法もあります。焙煎機にもよりますが、蓄熱の段階で少し温度を下げておくことも有効です。そうすることでボトムが下がり、焦げにくくなります。

焙煎技術の向上について

僕は焙煎を人に教わっていないので、一歩ずつやらなくてはと考え、同じ豆を焼き続けてみました。焙煎初心者の方には、まず1種類の豆をおいしく焼けるようにしていった方がいいと思います。何がおいしいのか、どうやったらおいしくできて、どうやったらおいしくなくなるのかを、焙煎を繰り返すなかで見付けていく。ただその1種類は、中南米や南米の固くて密度が高いものや、ナチュラルだったり、乾燥が激しいものだったりすると、本当に焼くのが難しかったりする。これがベーシックで、この豆を焼くことができれば他の豆も焼けるかなというものから始めるといいと思います。

表6：プレミックスとアフターミックス、それぞれのメリットとデメリット

プレミックス	メリット	・オペレーションが楽（焙煎の回数が少なくてすむ） ・焙煎によるブレが少ない
	デメリット	・豆の大きさ、密度、水分値が異なるものを一緒に焼くのはとても難しい ・ブレンドを作るなかで制約がかかる
アフターミックス	メリット	・味作りがしやすいのはアフターミックス ・異なるタイプの豆を合わせることが可能 ・どうしても使いたい豆があるが、大きさ、密度、水分値が大きく異なる場合に採用 ・焙煎度合いの異なる豆をブレンドすることができる
	デメリット	・豆の種類だけ焙煎しなければならない ・ブレンドに使う全種類を毎回同じように焙煎するのが難しい ・焙煎後にブレンドして微調整する必要がある

エチオピア：元々が小さめの品種　　ケニア：AAランクで、スクリーンサイズやや大きめ　　パナマ　パカマラ種　ナチュラル：元々が大きい品種

コーヒー豆は農産品だけに、品種によって大きさが異なる上に、同一品種でもスクリーンサイズが違うものがあり、工業製品のように規格が一定ではない。上のエチオピアとケニアくらいの大きさの差でも、プレミックスして焙煎することは難しい。

焙煎の実例　　　　　　　　　　　　actual example of roasting

　では、実際に僕が行っている焙煎作業を紹介しましょう。僕は直火式の5kg釜を使っています。焙煎は、使用する焙煎機のみならず、排煙設備やその日の天気や湿度などの環境に左右されやすいので、同じパターンでも同じ焙煎度合いに焼けるということはありません。したがって、プロファイルは持っていても、前回との比較参考のために用意しています。ここでの数値も、参考にされる程度にしてください。

焙煎機

焙煎機は「フジローヤル R－105」5kg直火式を使用。

生豆

「ケニア」を深煎りと浅煎りで焙煎
今回は少し大きめの豆。

1バッチ目　「ケニア」深煎り　3.5kg

今回の焙煎の特徴

　焦がさずに、ちゃんと中まで火を入れることに留意したプロファイルです。また同じ温度に到達するまでの時間が短ければ短いほど酸味は強くなりますが、ここでは1ハゼ以降の時間を長めにかけて焙煎し、酸味を減らしています。188℃の1ハゼから、212℃の2ハゼまで、24℃分をどのくらいの時間をかけて上昇させるかで、酸味のつよさが変わります。今回は5分以上と長めに時間をとり、少し緩やかに上昇させました。

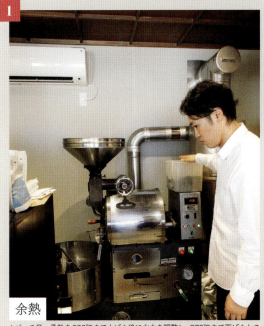

1バッチ目。予熱を280℃まで上げた後に火力を調整し、270℃まで下げたところで生豆を投入予定。一度温度を上げてから少し下げて投入することで、生豆が焦げるリスクを軽減。直火式のこの焙煎機の場合は、その方が安定した焙煎ができると考えてのこと。

予熱温度が280℃になったところで、生豆をホッパーに入れ、中で豆を平らに広げる。火力を調整し、一度ドラム内の温度を下げ始める。

計量を終えた生豆は、生豆も温かなところに置いて、豆そのものの温度も上げておく。こうすることで中まで火を通りやすくする。

排気ダンパーで、ドラムからの排気量を調整。

5

焙煎と冷却の切り替えハンドル。焙煎に設定。

6

ドラム内温度が270℃まで下がったところで、ホッパーから生豆をドラムに投入。焙煎機にタイマーが無いので、スマホのストップウォッチで計測している。

7

ガス圧を調整。ほんの少しの調整で大きく変わってくる。最初はガス圧を上げておく。

8

点火。

9

焙煎中はこまめにテストスプーンで焙煎中の豆を取り出し、色と香りをチェック。投入直後からは、豆にちゃんと熱が伝わっているかどうかを確認するために、常に匂いを嗅ぎ続ける。適正に火が入っていると、ずっと甘い香りがする。熱が上手く伝わっていないと、少しこもったような匂いに、火が強すぎると焼け焦げたような刺激的な匂いになる。

10

投入した豆に熱が奪われてドラム内の温度は下がり続けるが、2〜3分したら少し落ち着いてくる。時々テストスプーンで匂いをかいで、火加減やガス圧を微調整。

11 148℃で中点に到達し、ドラム内の温度が上がり始める。豆に少しずつ熱が入り始めたあたりで、ダンパーを少しずつ開けて圧力を少し下げる。ドラムの中で熱が高まるに従い、排気圧力は上がっていくので、ダンパーで調整して圧力を逃がすイメージ。

12 少しずつ黄色くなっていき、5分10秒過ぎ165℃でカラーチェンジを迎える。ここまでが一番気を遣うところ。極力焦がさないことに留意しつつ焼く。調整はダンパーとガスの火加減で行なう。使用機種はダンパーの方が微調整しやすいので、メインで使用。甘い香りがし続けているか、焼け焦げたり、こもった香りがしないかチェック。いまはあまりプロファイルを意識せず、プロファイルから少々ずれても、その豆に合わせて火加減を調整している。

13 9分、191℃くらいで1ハゼが始まる。今回は深煎りまでもっていく予定。温度上昇続く。

14 1ハゼまではカロリーが必要だが、1ハゼ後は豆の中の水分が抜けて火が入りやすくなる。1ハゼが落ち着いてきたら、ガス圧を少し落とす。ダンパーも少し開く。

15 13分が経過し、温度は210℃まで上昇。2ハゼ直前に、テストスプーンで色と香りを確かめる。

16 212℃、2ハゼが始まってすぐに排出。焙煎時間は14分半。

17 焙煎後の豆。生で3.5kgの豆は、焙煎後2.92kgに。

085

2バッチ目　「ケニア」浅煎り　3kg

今回の焙煎の特徴

　酸をしっかり出した焙煎は、地元のお客様には苦手だと考え、酸を穏やかにするプロファイルを考案。浅煎りなので酸は出るが、いい塩梅のところでまとめている。酸の中でも、刺激的で嫌な感じの酸が出にくいように、豆の表面と中の色（焼け加減）の差を縮めるように火入れする。ただ浅煎りであまり時間をかけすぎると、穀物を焼いた時のような、ポップコーンのような香りが出てしまう。これはメイラード反応が失速した時に出る臭い。メイラード反応が盛んになってきたら、ずっと温度上昇を続ける必要がある。そのためメイラード反応の時間を少しだけのばしてあげるという感覚で、プロファイルを作成。浅煎りながら焙煎時間は9分弱かける。

2バッチ目は、同じ「ケニア」でも浅煎りで、生豆は3kgを使用。ホッパーに入れる。

中点は点火後3分の154℃。ガス圧を上げつつ、主にダンパーで温度を調整。

1バッチ目と同様、ドラム内の温度を280℃に上げたら、火力を調整。270℃で豆を投入し、少しおいて点火。

164℃でカラーチェンジを迎える。

随時テストスプーンで焙煎中の豆を取り出し、香りと色をチェック。

焙煎後の豆。1バッチ目の深煎りと同じ豆だが、仕上がりの大きさが異なる。膨らまない仕上がりで、撮影時は3kgの豆は焙煎後2.66kgに。

7分57秒、190℃でハゼ音がし始める。1ハゼが落ち着いたタイミング（194℃、9分30秒前後）で煎り止め。排出する。

同じ豆を、深煎りと浅煎りで。この後ブレンドして使用する。

088　chapter 6 ＜コーヒー焙煎の理論と技術＞

chapter 7

抽出の理論と技術

僕が推奨している、
コーヒーの抽出レシピをご紹介します。
またブレンドとシングルオリジンとでの
抽出における注意点や、万一、
抽出がうまく行かなかった場合のリカバリーの方法も、
あわわせてご紹介しておきましょう。

抽出の知識

抽出とは

　コーヒーの抽出とは、焙煎した豆の中にあるコーヒーのおいしい成分を、お湯の中に溶かし出すことです。ただし、豆の形状のままでお湯に浸しても、成分はほとんど出てきません。コーヒー豆の組織内は、無数のハニカム構造(ハチの巣のような正六角形の形状で、軽くて丈夫)の部屋で構成されており、その部屋の一つ一つにコーヒーの成分が閉じ込められているからです。中の成分を溶け出しやすくするためには、部屋の壁を壊す必要があります。そのためにコーヒー豆を挽き、粉の状態にします。

　コーヒーの成分の出やすさには、粉の挽き目(粒度)が関係しています。挽き目は、粒度が粗い方から大まかに、「粗挽き」「中粗挽き」「中挽き」「中細挽き」「極細挽き」などに分けられます。挽き目が細かくなればなるほど、ハニカム構造の部屋が破壊されることになり、抽出の際に中の成分が溶け出しやすくなります。

　ただ、成分が溶け出しやすくなるということは、味や香りのポジティブな要素だけでなく、雑味につながるネガティブ要素も同様に出やすくなるということです。当然ですが、ネガティブ要素は極力へらしたいもの。そのため、豆ごとに持つ成分の違いや抽出されやすさなどを考慮し、それぞれに適した挽き目を選ぶ必要があります。

　僕の基本のレシピでは、挽き目を「中粗挽き」に設定しています。これは様々な抽出環境での抽出のコントロールのしやすさを考えてのことです。この「中粗挽き」をベースとしながら、さらに使う豆に合わせ、そのつど挽き目を微調整しています。

微粉への対処

　挽き目以外に、コーヒーの味わいに大きな影響を与えるものの一つに、微粉があります。コーヒー豆を挽いた時、全ての粒が同じ大

コーヒーの微粉とは

コーヒー豆を挽いて粉にすると、出てきた粉の粒の大きさ（粒度）はすべて同じ大きさではなく、バラつきがあります。どんな性質のコーヒー豆を用いても、またどんなグラインダーを使っても必ず起こります。

グラインダーに関しては、高性能のものほど、狙った挽き目にすることができますが、程度の差はあれ、微粉は出ます。これは、硬いものを破砕する際、どんなに大きさを揃えようとしても、割れて出た粒の一部から細かな破片が出たり、さらに粒同士がぶつかりあって破片になったりするからです。

挽いたコーヒー粉の粒度を測定する専用器具もあり、コーヒー粉には、狙った挽き目がどのくらいで、微粉がどのくらい含まれるかという、粒度分布を調べることもできます。それによると、微粉はだいたい10〜20％くらい含まれているようです。

分量的には、たかが10〜20％です。しかし総表面積で計算すると、微粉は非常に粉かな粒のため、驚くべきことにその総表面積は、微粉以外の粒の総面積に匹敵するか、それ以上になると言われています。

このことから、微粉から抽出される液体がコーヒー成分に及ぼす影響は非常に大きいのです。微粉を取り除いてコーヒーの味を再現するには、非常にたくさんの豆を必要とし、原価的にもかさむことになります。

きさになるということはなく、求める粉の大きさよりも細かい粉が必ず出てきます。小麦粉のように非常に微細な状態の粉で、これを微粉と呼びます（詳しくは、上記のカコミ記事を参照してください）。

微粉は細胞壁がかなり露出していて、抽出が非常に進みやすく、すぐに成分が出てきます。そのため他の大きさの粉と一緒に抽出すると、先に抽出が進んでしまい、嫌な味まで出てきやすい。そこでクリアで雑味のない味わいにするには、微粉を取り除くようにと言われてきました。また抽出技術を測る競技会では、雑味の出やすい豆が使われがちです。そのため微粉を取り除いて抽出の進行具合ゆるやかにし、雑味を出にくくするというテクニックが使われてきました。そのための、コーヒーパウダーコントロールストッカーといった専用道具も販売されています（104ページ参照）。

しかし僕は最近、ちゃんと焙煎ができていれば微粉も大切と考えるようになりました。微粉を取り除かずに淹れた方が、コーヒーの強度・味・粘性などがしっかりと出る。少量の豆でおいしいコーヒーを淹れることもできるのです。

味の出方の仕組み

コーヒーの抽出というのは、全ての成分が一度に出てくるのではなく、時間経過とともにでてくる成分が徐々に変化していきます。

はじめの方は酸味がつよく、徐々にそれが穏やかになり、次に甘みがつよくなり、それも徐々に穏やかになっていく。後半は苦みや雑味を感じられる味が出るようになっていきます。こうした変化があるため、技術によって抽出をコン

トロールできるのです。

雑味が出過ぎているものを「過抽出」、初期の方の酸味などしか出ない状態で切り上げたものを「未抽出」と言ったりします。主に前半に酸味や甘みが出るため、コーヒーの良質な成分は前半に出るとよく言われています。

後半に苦みや雑味の成分が多くなると言っても、緩やかに甘みや粘性のもとになる物質はで続けているので、雑味が出すぎるギリギリのところまでは抽出を続けたい。雑味がたくさん出てくる直前に抽出を止めると、とてもコーヒーが甘く感じるのです。そこを「スイートスポット」と言って、豆ごとにそのスポットが違います。そこで抽出時間や湯温などを変えながら「スイートスポット」を探していきます。これが抽出コントロールです。

時間で調整する場合、未抽出の場合は時間を長くし、過抽出の場合は短くするといった感じで調整していきます。時間のコントロールは、注湯と注湯の間のインターバルを変えると、調整しやすいと思います。また注ぐ回数ごとに湯の量を変えると、味のバランスを変えることができます。ただし一湯ごとの湯量を変えると、スイートスポットの場所も微妙に変わってくるので、そこにも配慮した調整が必要になります。

焙煎によるディフェクト

焙煎度合によっても、抽出に向く温度帯が変わってきます。コーヒーの抽出はバリスタの担当する作業なのですが、焙煎のことを知っておくといいというのは、焙煎度合いで注湯の温度帯が変わるからです。

一般に焙煎が深いと、細胞壁がもろくなって成分が出やすくなります。そのため深煎りの豆を中煎りと同じように抽出すると焦げっぽい味、キツイ味わいになってしまいがちです。深煎りを抽出する場合は、成分が出にくい方向に寄せてあげた方がいい。そのため80℃以下の湯温での抽出が向くと思います。僕は苦味を抑えて甘みを引き出すため、78℃くらいで淹れることもあります。

一方、浅煎りはその逆で、やや高めの85℃くらいの湯温で淹れます。ちゃんと焙煎されていて、焦げがなく中までしっかり火が入っているものだと、88〜92℃ぐらいまで大丈夫だと思います。

中煎りの場合は、83〜88℃。ただ中煎りはお店ごとに焙煎の基準が結構異なるので、僕はまずは85℃で試してみることが多いです。苦みが出過ぎていると感じた場合、次回以降は湯温を下げ、足りないと感じた場合湯温を上げる。また雑味が多いと感じた場合も湯温を下げます。ただ、それで味わいが薄くなる場合もあります。その場合、挽き目を変えたり、抽出時間をのばしたりと、温度帯以外からのアプローチを行います。

ブレンドとシングルオリジンの抽出法

ブレンドコーヒーとシングルオリジンで、抽出方法に違いはあるのでしょうか。

結論を言うと、抽出法は自体あまり変わりません。ブレンドは、抽出に際して豆を挽いて、すでに豆が混ざっている状態だからです。もし豆が混ざっていないなら、それぞれの豆に合わせて湯温を変えたり、挽き目を変えたりして調整し、抽出後に混ぜ合わせるということもでき

ると思いますが、作業が複雑すぎて現実的ではないでしょう。

ただブレンドの抽出で気を付けなければいけないのは、焙煎時に火の入り具合や豆の膨らみ方（溶解度）、焙煎度合いなどが異なる豆が混ざっているということ。焙煎の時に、豆の大きさや密度などによって火が入りやすい豆がありますが、その場合、焦げのような嫌な味が出やすい。また豆が大きくて火が入りにくい豆などは、中心部分が生焼けになってしまうことがあり、そうすると渋い味が出やすくなります。プレミックスの場合は、注意をしないと、異なるタイプの豆を一緒に焼くことになり、ネガティブ要素を持つ豆が混ざりやすくなります。

これらのネガティブな要素は、高温で淹れた時に出やすくなっています。ブレンドコーヒーの場合は、こういうことが起こりやすいと知っておくことが大切です。具体的な対策としては、ネガティブ要素が出にくいように、通常よりも少し湯温を下げるとよいでしょう。その場合、僕は、やや低めの80〜85℃で淹れることが多いです。

ブレンドの挽き目

挽き目に関しては好みによりますが、異なる複数の豆をブレンドしているものは、細かく挽いた方が、抽出成分の出やすいものと出にくいものの味の出方の差が開きにくくなります。その他、抽出をコントロールする方法としては、抽出時間を短くすること。ネガティブ成分が出る前に抽出を止めてしまうのです。

ちなみに焙煎でも、成分の出やすさをコントロールすることが可能です。日々焙煎をしていると、豆の成分の溶け出しやすさ(溶解度)のようなものをある程度揃えることができるようになってきます。

例えば火が入りやすい豆と、火が入りにくい豆をブレンドした場合でも、焙煎側が同じ挽き目や抽出条件で抽出して溶解度を揃え同時に抽出してもおいしいようにコントロールしておけば、シングルオリジンと同じように淹れてもおいしくできます。ただしこれは非常に難しく、完璧に調整しようとするとコンテスト向けの技術です。デイリーのものでは少々抽出効率が落ちたとしても、抽出技術で調整する方が楽だと思います。

事前準備

抽出器具について

コーヒー抽出には、ペーパードリップ式、ネルドリップ式、サイフォン式、エスプレッソ式、それにエアロプレス式やフレンチプレス式…など、様々な方式があります。その中でも、店などで最も一般的に使われていて、僕も普段使っているペーパードリップの方法を詳しく紹介しましょう。

ペーパーフィルター方式に必要な道具としては、ドリッパーとペーパーフィルターです。それにドリップポットやサーバーなどもあると便利になります。

ドリッパーとフィルターの種類に関しましては、巻末資料で紹介します。ここでは僕が使用している器具を例にとって、解説します。

ドリッパーは、CAFECの「フラワードリッパー」（写真下）を使用しています。これは、お湯の抜けがいい透過式で、抽出をコントロールしやすいこと。それにリブの形状が特徴的で、蒸らしが効率的にできることから、気に入って使っています。

フィルターにはペーパーやネル、金属など色々な種類の素材があり、ドリッパーに合わせてペーパーフィルターを使用します。僕はペーパーフィルターの中でも、臭いが少なく、お湯の抜け具合が早いものが好みです。銘柄でいうと、CAFECの「アバカフィルター」を使っています。このフィルターの特徴は、表面にちりめん状の凹凸がある「クレープ構造」になっていて、通常のものよりも表面積が広くて目詰まりがしにくく、お湯がサーッと抜け続けます。

逆にお湯の抜けが遅いものもあります。この場合、フィルターの中に液体が溜まってコーヒー粉と液体が接触している時間が比較的長くなり、浸漬式に近いテイストを作ることができます。しかし、注湯によるエキス抽出のコントロールできる部分が少なくなります。

このように、ドリッパー同様、ペーパーフィルターにも透過式・浸漬式といえるタイプがあります。どちらのタイプがいいという訳ではなく、「こういう味にしたい」と思う味に合わせて、ドリッパーとペーパーフィルターを選ぶといいと思います。

また粗挽きになればなるほど、お湯抜けが早くシャープな味になりやすいなど、挽き目もお湯の抜けや味わいに関係しますので、そういったことも考慮して選ぶとよいでしょう。

なお、抽出を行う前にはペーパーフィルターにお湯を通し、臭いを取り除く「リンス」を行

ないます。最近はあまり変わらないという人も
いますが、僕はやはり臭いが変わると感じてい
ますので、必ず行ないます。特に無漂白のペー
パーフィルターは紙の臭いが強いので、必ず行っ
て下さい。

使用する水（硬度について）

　水分は、コーヒーというドリンクの大部分を
占めます。しかも、水の成分は抽出に大きな影
響を与えます。水も、コーヒー豆と同じくらい
コーヒーの味わいにとってとても大事な要素な
のです。

　僕の店では、水道水を浄水器に通した浄水を
使用しています。硬度（水の中に含まれるマグ
ネシウムとカルシウムの合計量）は90ppm。一
般にコーヒーには、ミネラル分の少ない軟水が
向いていると言われています。

　硬度の単位はppmもしくはmg/ℓ で、WHO（世
界保健機関）の基準では、硬度が0 ～ 60Pppm
未満を「軟水」、60 ～ 120ppm未満を「中程度の
軟水」、120 ～ 180ppm 未満を「硬水」と定義し
ています。

　近年の焙煎のコンテストなどでは、硬度は
90ppm位に設定されることが多いので、僕もこ
のあたりを目指しています。たまたま店の水道水
はそのまま使っても90ppmの状態ですので何も
していませんが、もしその値より上下のある場
合は、軟水器等を使って調整するつもりでいま
した。

使用する水（水質と地域差）

　硬度は抽出と大いに関係があり、硬度が高け

れば高いほど味が強めに出て、甘さやビターさ
が際立ちます。逆に低いとやわらかめに出て、
味やフレーバーや香りが弱くなります。硬度は
国内の水道水の中でもかなり差があるので、注
意が必要です。日本全国の水道水の硬度は、公
益社団法人「日本水道協会」のサイトの「水道
水質データベース」（欄外アドレス）などで公開
されていますので参考にしてください。

　僕は一度ゲストで訪れた大阪の店に、埼玉で
焙煎した豆を持っていって抽出し、味わいがな
かなか出ないという経験をしたことがあります。
挽き目を細かくしたり、湯温を上げたりして調
整しましたが、単純に挽き目や湯温で調整する
とネガティブ要素も出やすくなるので苦労した
覚えがあります。

　特に関東や沖縄など一部地域を除いたところ
の水は軟水が多いようです。関東の中でも埼玉
や千葉は比較的硬度の高い水が多い。地方など
に出張があるバリスタは、地域による水の個性や
水が変わると抽出にどのような影響があるかにつ
いても注意しておかなければなりません。

　コーヒー抽出のために水の成分を調整し抽出
に適した水を作ることを、「カスタムウォーター」
と呼びます。お店では水道水を用いることが多
いので、硬度の高い水の場合、軟水器で硬度成
分を除去し、調整することが可能です。硬度の
低い水の場合、マグネシウムやカルシウムを添
加することもできます。浄水器メーカーによって
は硬度を添加できるフィルターも販売されている
ようです。手軽に楽しめるように純水や既存のお
水に添加するタイプのカスタムウォーター用の
キットも発売されています。また最も簡単な方法
としては、硬度の合う市販のミネラルウォーター
を活用するのもいいと思います。

〈「水道水質データベース　原水の水質（上水道事業）」http://www.jwwa.or.jp/mizu/or_up.html〉

抽出「基本のレシピ」

standard method of drip

僕が抽出の際に基準としている、抽出の「基本のレシピ」を紹介します。通常行っている2杯取りのドリッパーを使った、2人前のレシピになります。

もし1人前で淹れる場合は、分量を半分にして、1杯取りのドリッパーを使ってください。2杯取り用のドリッパーに1杯分の粉を入れた場合、粉の層の高さが変わってしまい、ドリッパー内でおこる撹拌の動きも違ってきます。そうなると狙い通りの味わいが作れなくなってしまいますので、分量に適したサイズのドリッパーを使うようにしてください。

※抽出の際、コーヒースケールを使用しますので、液体は「g」で表示しています。

＜材料（2杯分）＞
　豆…30g
　お湯（硬度90）…コーヒーの粉の量に対し、約16倍のお湯を使用。

＜お湯の量とインターバルの目安＞
【1湯目】　　粉の量の2倍のお湯を注ぐ
　　　　　　インターバルは、注ぎ始めから30秒
【2湯目】　　全体の湯量の半分までを注ぐ
　　　　　　インターバルは注ぎ始めから1分
【3〜5湯目】残りの湯を、1/3ずつ注ぐ
　　　　　　インターバルは、それぞれの注湯後20秒

> 実際の抽出

では、左ページのレシピに従って、実際の抽出を行ってみましょう。写真では、エチオピアを主体に作ったブレンドを使いました。

- 豆 「マイルドブレンド」ミディアムロースト　中粗挽き　30g
- お湯（硬度90）85℃　480g（投入量の総量。リンス分は除く。1杯取りの場合は、粉15gに対し240g）

1　浄水器にかけた硬度90の浄水をドリップポットに入れ、85℃まで加熱する。

2　円すい形ドリッパーに、ペーパーフィルターをセットする。

3　コーヒー粉を入れる前のフィルターにお湯を全体に回しかけ、ペーパーフィルターをリンスすると同時に、器具を温める。下に落ちたお湯は、臭いが移っているので捨てる。

097

豆を計量してグラインダーに入れ、中粗挽きにする。できるだけ抽出直前に挽く。

挽いたコーヒー粉を入れる。中央部分が盛り上がっていることが多いので、粉の表面が平らになるように、ドリッパーを軽くゆすったり、横からトントンと叩いたりしてならす。

1湯目を注ぐ。湯量は、粉の量（30g）の2倍量（60g）。ドリッパーの中央部分から注ぎはじめ、円を描きながら徐々に外側に広げていく。外側まで行き着いたら、再び中心部分に向かって円を描きながら戻る。

粉が膨らんだ状態。一湯目の注ぎ始めから30秒までインターバルを取る。

8

2湯目までで、お湯の総量の半分（総量240g、2湯目は180g分）を注ぐ。一湯目と同じく中央部から注ぎ始め、円を描きながら外側に広げていく。外側に行き着いたら、再び中央部に向かって同じように戻る。2湯目の注ぎ始めからインターバルを1分まで取る。

9

3湯目は、残りのお湯の1/3（80g）を注ぐ。中央部から注ぎ始め、円を描きながら外側に広げていく。外側に行き着いたら、再び中央部に向かって同じように戻る。3湯目の注ぎ始めからインターバルを1分20秒まで取る。

10

4湯目は、残りのお湯の半分（80g）を注ぐ。中央から徐々に広げて500円玉ほどの大きさの円を描くように注ぎ続ける。ガスが多い豆の場合は3湯目同様に外側まで広げてまた戻る。ガスが少ない場合は500円玉大の円を描くように注ぎ続ける。4湯目の注ぎ始めからインターバルを1分40秒まで取る。

11

5湯目は、4湯目と同じく中央から徐々に広げて500円玉ほどの大きさの円を描くように注ぎ続ける。ドリッパー内を強く撹拌しすぎないように心がける。

液体がサーバーに落ちていき、フィルター内のコーヒーの粉の層が見えてきたら、ドリッパーを外す。

Point

一般的に、最初の注湯から2分20秒ほどでドリッパーを外すと言われますが、豆の種類や挽き目によって、抽出液が下に落ちる速度が異なります。そのため僕は、5湯目後のインターバルの時間は、それほど厳密に計ってはいません。注いだお湯が下に落ちていくに従い、徐々にコーヒーの粉の層が顔を出していきます。完全に液体分が落ち切って、コーヒーの粉の層が顔を出したタイミングで、ドリッパーを外します。時間でいうと大体2分半ほどになります。

湯温に関して

僕は通常、自店の豆を抽出する時は、大体まず88℃で淹れてみて、そこからコーヒーの状態を判断して、以後の抽出レシピを微調整していきます。これは、その温度での抽出に合わせて焙煎しているから。他店の豆の場合は、85℃で試してみます。

抽出の際の湯温は、高い方がいい成分も悪い成分も出やすくなります。あまり気にしないと言う方が多いのですが、一度温めたお湯は、通常のポットでは、そのままだと注ぎ終わりまでに湯温はかなり落ちて、10℃くらい変わることもあります。ドリップポットの蓋を閉めているかどうかや、ドリップポットの湯の残り量でも注ぎ始めと終わりの湯温は大きく違います。

手軽に後半の湯温を下げるテクニックとしては、少な目の湯量で、ドリップポットの蓋をあけながら抽出すること。だんだん湯温が下がり、最後には70℃くらいになります。そうすると最後の方で、ネガティブ成分が出にくい湯温で淹れることができます。

アレンジバージョン「世界大会仕様」 arranged method of drip

次に、2021年のワールドブリュワーズカップのオープンサービス部門で優勝した時のレシピを基にした、世界大会仕様の抽出法を紹介します。二つの温度帯で淹れ分けするところが特徴です。湯温の異なるドリップポットを2つ用意する必要がありますが、味の調整の方法などの参考にしてみてください。今回はシングルオリジンの浅煎りを、中挽きで使用しました。粉と湯の比率は1対15です。後半の湯温を落としますので、その分粉の比率を高くし、少し細かめに挽くことで、濃く出るようにしています。

＜材料（1杯分）＞
　豆…20g
　お湯（硬度90）…コーヒーの粉の量に対し、約15倍のお湯を使用。湯温は90℃と60℃の2種類を用意

＜お湯の量とインターバルの目安＞
【1湯目】　湯温90℃。粉の量の2倍のお湯を注ぐ
　　　　　インターバルは、注ぎ始めから40秒
【2湯目】　湯温90℃。全体の湯量の半分まで注ぐ
　　　　　インターバルは、注ぎ始めから35秒
【3投目】　湯温90℃。全体の1/6の湯量を注ぐ
　　　　　インターバルは、注ぎ始めから30秒
【4投目】　湯温60℃。残りの湯量の半分を注ぐ
　　　　　インターバルは、注ぎ始めから1分45秒
【5投目】　湯温60℃。残りの湯量全部

> 実際の抽出

101ページのレシピで抽出します。ここでは、紅茶のような爽やかな味わいの「ボリビア　アグロタケシ農園　ゲイシャ」を使いました。

- 豆
  「ボリビア　アグロタケシ農園　ゲイシャ」浅煎り　中挽き　20g
- お湯（硬度90）　90℃　200g（リンス分は除く）
- お湯（硬度90）　60℃　100g

1

ドリッパーにペーパーフィルターをセットする。分量外のお湯を全体に回しかけ、ペーパーフィルターをリンスすると同時に、器具を温める。下に落ちたお湯は、臭いが移っているので、捨ててよく水切りする。

2

豆を計量し（20g）、中挽きにする。後半に湯温を下げるため、抽出効率が下がり濃度が低くなるので、豆の量は基本のレシピよりやや多めで挽き目も少し細かい。

3

フィルターにコーヒー粉を入れてならしたら、1湯目は、90℃のお湯を、粉の量（20g）の2倍量（40g）注ぐ。粉の中央部から注ぎはじめ、円を描きながら徐々に外側に広げていく。外側まで行き着いたら、再び中央部に向かって円を描きながら戻る。

2湯目は、90℃のお湯を、全体の湯量の半分まで（総量150g、2湯目は110g分）を注ぐ。一湯目と同じく、中央部から注ぎ始め、円を描きながら外側に広げていく。外側に行き着いたら、再び中央部に向かって同じように戻る。

3湯目は、1分15秒になったら、90℃のお湯50gを注ぐ。中央部から注ぎ始め、円を描きながら外側に広げていく。外側に行き着いたら、再び中央部に向かって同じように戻る。

4湯目から、お湯の温度を変えて抽出する。湯温は60℃。湯温を低くすることで、抽出後半に出やすいネガティブ成分の抽出を極力抑えることができる。

4湯目は、1分45秒になったら、60℃のお湯の半量（50g）を注ぐ。中央部から注いでいき、500円玉大の大きさの円を描くように注ぐ。

103

8

5投目は、2分15秒になったら、60℃の残りのお湯（50g）を、4投目と同じく中央から注ぎ始め、500円玉大の大きさの円を描くように注ぐ。

9

液体が下に落ちていき、コーヒーの粉の層が見えてきたら、ドリッパーを外す。

Point

本来のコンテストでは、事前準備として徹底的に微粉を取り除きました。歩留まりが悪くなるので、これもなかなかお店ではしない贅沢な手法ですが、雑味がとれてクリアな味わいになります。

競技会でもよく使われている、サザ「パウダーコントロールストッカー」を使用。3種類のメッシュが入っており、今回は一番粗目のメッシュでふるいました。この時は20g中、微粉は3.4gでした。

（写真左）取り除いた微粉。
（同右）残った部分。こちらを抽出に使用する。

味の微調整方法 　　　　　　　　arranged method of drip

　同じ焙煎、同じ抽出をしても、仕上がりの味は微妙に違ってきます。料理を作る際、最後に味見をして塩などを足して調整するように、コーヒーも抽出後にその都度味をチェックし、微調整を行なうといいと思います。未抽出の場合、コーヒーを抽出し終わってしまってからも、味の微調整は可能です。そのための簡単な方法を紹介しましょう。

【未抽出になった場合のリカバリー】

1

提供用とは別のカップを2個用意しておく。抽出が終わった後、液体すべてが落ち切る前に、ドリッパーを外す。その時、用意しておいた1つ目のカップに、ドリッパーから出る抽出液を取る。5秒分ほど取ったら、2つ目のカップの方にドリッパーを移し、残りの抽出液を入れる。

2

1つ目のカップに取った抽出液の方を、調整用に使用。2つ目のカップの抽出液は、出がらしに近いので使わない。

3

調整用の抽出液を、数滴加える。

4

カップに注いで飲んでみて、味を確かめる。刺激的な酸味が強く、甘さの抽出が足りないと思ったら、満足いく味わいになるまで、数滴ずつ調整用の抽出液を足していく。

「適正に焼けていない豆」のリカバリー法

　ロースターから届いた豆を抽出しテイスティングしてみて、「いつもと違う」と感じた経験を持つバリスタはいらっしゃるでしょう。実は毎回、同じ状態に焙煎する方が難しいのです。そうした時、「いつもの味が出ない」と不満を持つよりも、焙煎による豆の状態からいつもの味に調整する方法を知っておいた方が、建設的な仕事ができるはずです。そうしたことも、バリスタの仕事のうちと言われます。そこで本書の最後として、「適正に焼けていない豆」をいつもの味に近づけるための知識と、ハンドドリップでのリカバリー法をご紹介しましょう。

　※抽出の技法ですが、焙煎工程にも関わることなので、76ページからでご紹介した「ネガティブ要素」も参考にしてください。

・「適正に焼けていない豆」の種類

　まず「適正に焼けていない豆（ローストディフェクト）」とはどういう豆かを知りましょう。豆の状態を知らないことには、適正な対応策が取れないからです。いわゆるローストディフェクトと言われるものには、以下の4つがあります。

1. アンダーデベロップメント
2. オーバーデベロップメント
3. ベイクド
4. スコーチド

　それぞれを、詳しく解説すると…、

1. アンダーデベロップメント

　抽出方法に対して適正にカロリーを伝えることができておらず、成分の抽出がされづらい（溶解度が低い）状態のこと。焙煎度合いによらないため、深煎りでも起こる可能性があります。味わいとしては、酸による収斂味のような印象で、口蓋前方に味やフレーバーを感じるものの、下の奥の方へ滑らかに広がっていきません。アフターテイストが短い。

2. オーバーデベロップメント

　目的の焙煎度合いよりも深くなってしまった焙煎のこと。味わいとしては、酸やフレーバーが意図したものよりもワンテンポ遅れて感じられる、もしくは、そもそも感じにくい。

3. ベイクド

　焙煎の過程で豆に適正にカロリーが伝わらず、温度上昇が過度に緩やかになってしまい、成分の発達の過程で異常が起きてしまった状態。味わいとしては、酸味がぼやけてしまい、ポップコーンのような特徴的なフレーバーを感じられます。

4. スコーチド

　焙煎の過程（どのフェーズでも起こり得ます）でカロリー過多になり、豆のいずれかの部分が焦げたことにより、スモーキーなフレーバーが出てオリジンのフレーバーを阻害されている状態。味わいとしては、ハーシュやパウダリーな印象が出ていることが多いのですが、必ずしもそうとは言えないため、フレーバーやアフターテイストで感じられるようにします。

・上記以外の焙煎によるネガティブな味わいとして…、

　アストリンジェントやドライなどは、質感に影響する成分(クロロゲン酸類やトリゴネリンなど)の分解がされずに焙煎が終わってしまっていることが原因です。ハーシュは焙煎による焦げ由来とされています。
　ラフなどの生豆由来の成分が原因のものは、焙煎や抽出では取り除きにくいです。

・「適正に焼けていない豆」の特徴

　「適正に焼けていない豆」とは、焙煎由来で質感やフレーバーに阻害要素がある豆のことを指します。
　例えば質感では、ハーシュやドライ、アストリンジェント、ラフなどが挙げられます。いずれも、口の中や喉に違和感や不快感を感じます。またフレーバーでは、上記スコーチドでスモーキーな香りがフレーバーやアフターテイストを阻害します。その他には、フレーバーやテイストに影響があるベイクドもあります。これらは抽出で調整するのが少し難しいものです。抽出で調整可能なものは、アンダーデベロップメントです。これは成分の溶け出しやすさが低い状態なので、メッシュを調整してあげると解決します。

・**具体的なリカバリー法**

　豆の状態や特徴を理解したら、次は具体的な対処法です。挽き目、湯温、注湯、抽出時間と、工程のいくつかにわたって対応策がありますので、豆の状態に応じて行ってみるといいでしょう。

挽き目の調整

　アンダーデベロップメントの場合は、単に味が出にくい状態なのでメッシュを細かくすれば解決できることが多いです。それ以外には、抽出時間の延長や湯温を上げるなど、抽出効率を高めてあげれば解決します。

　その他の焙煎のディフェクトは、メッシュの調整よりも、次にご紹介する湯温の方が効果が感じられると思います。

湯温の調整

　質感に関するネガティブを感じる場合は、湯温を下げてあげると解決しやすいです。それは、高温の時に出てきやすいとされているからです。

　特に、抽出後半の湯温をしっかりと下げてあげることで、良質な成分は引き出しつつネガティブなテイストは改善することができます。

　一方で、フレーバーに関するネガティブについては、最初の段階から抽出され続けている印象なので、全体の湯温を少し下げてあげたほうが有効でしょう。

注湯の調整

　基本的に、撹拌の度合いを調整しているという認識です。撹拌を強くしすぎると抽出効率が上がり、ネガティブな印象も出てきやすくなります。ネガティブな味を出したくない場合は、極力、撹拌を抑えてあげるように注ぐといいと思います。
　また、抽出初期と後期では撹拌による粉の動き方が変わりますので、その辺りも注視した方がいいでしょう。

抽出時間による調整

　コーヒーの成分は、コーヒー粉とお湯が触れ合っている時間に応じて成分が濃い方から薄い方へと移動していると考えています。
　よって、他の条件が全て同じ場合、抽出時間が伸びることで抽出が進み、縮めることで抽出を進まなくすることができます。
　浸漬式の場合は、ある程度まで成分が抽出されると、それ以上は急に抽出が進みづらくなります。粉の周りにあるお湯のコーヒーの濃度が高くなると時間をかけても抽出されにくくなるということです。なので、一般的に新しいお湯が供給され続ける透過式よりも浸漬式の方が抽出力は弱くなります。

extra

巻末資料

ドリッパーの基礎知識

抽出器具の中でも手軽に用いられ、バリエーションも豊富なものといえば、ドリッパーがあげられます。種類によっては抽出技術も色々と工夫できることから、多くのバリスタに使われています。構造の違いにより、お湯の抜け具合が異なり、難易度も変わってきます。ここでは、ドリッパー選びの参考にしていただくために、代表的な器具の形状と素材について解説しましょう。

＜形状＞

ドリッパーの形状の代表的なものとしては、①台形型　②円すい型　③円筒型の3種類があります。それぞれで、お湯の抜け方や抽出の難易度が変わります。※リブ（内側の溝のこと）につきましては、本当にたくさんの形状があるため、ここではあまり触れていません。

①台形型（カリタ、メリタなど）
　ドリッパーの種類の中で歴史的に最も古く、世界的にもポピュラーな形状といえるのが台形型です。台形の底部に小さな穴が開いており、メーカーによって穴の数が異なります（1つ穴、2つ穴、3つ穴）。穴の数や穴の大きさで液体が下に落ちるスピードに違いが出るので、それに応じて注湯コントロールをします。
　次に述べる円すい型に比べると、液体の落ちるスピードがゆっくりでドリッパー内にお湯が留まる時間が長いことから、浸漬式とも言われます。お湯を一度にたくさん注いでも抽出にブレが出にくいのが特徴で、まだ抽出に馴れない方に、おすすめできるドリッパーだと言えます。逆に言うと、円すい型に比べて注湯コントロールの幅は限られます。

②円すい型（ハリオ、コーノ、CAFECなど）
　円すい型の先端を切り取ったような、底部に大きな穴が1個開いているのが円すい型ドリッパー。そのため先の台形型に比べて、お湯抜けが非常にいいのが特徴で、透過式とも言われます。お湯を一度にたくさん注ぐと、すぐに抜けてしまいますので、注湯は何回かに分けて行うのが一般的で、抽出のコントロール幅が広い器具です。スペシャルティコーヒーを扱う店では用いられることが多く、世界的にもよく使われています。
　私が使っているのもこの形状で、CAFECの「フラワードリッパー」を使っています（右ページ写真）。優勝した2019年のJHDCでも、このドリッパーを使いました。「フラワードリッパー」の特徴は、お湯抜けが速く抽出をコントロールしやすいこと。リブが深く、蒸らしの際にペーパーフィルターが外に膨らんで、すき

間から蒸気が抜けやすいことから、効率的な蒸らしができることすことです。

③円筒型（カリタ「ウェーブシリーズ」など）
円すい型と台形型とを足して2で割ったような形で、ややずんぐりとした印象です。底面は円形で平らになっていて（＝フラットボトム）、小さな穴が1つまたは複数空いています。底面が広く、粉の量が同じなら①のドリッパーよりもコーヒー粉の層は薄くなるため、お湯の抜けが速くなり、均一に抽出しやすくなります。特に、抽出後半のお湯抜けがいいので、雑味などを出したくない場合は、有効なドリッパーだと言えるでしょう。
ただし材質や穴の大きさによって、お湯が落ちるスピードが大きく変わります。専用フィルターの購入先も限られます。このため、中級者以上か、ちょっとマニアックに淹れてみたいという場合に、満足感が高いドリッパーと言えます。

＜材質＞

ドリッパー自体の形が複雑なこともあり、歴史的に加工しやすい素材が使われてきたのは確かです。しかし素材研究が進み、加工技術も高まっている現在では、あげるときりがないほど非常に多くの種類が登場しています。主な素材別に、陶器や磁器、金属、樹脂と代表的な3つを紹介します。

①陶器や磁器
古くから使われてきた素材が陶器や磁器です。加工のしやすさ、安価な素材であることがその理由でしょうか。現在も使っている人を多くみかけます。雰囲気があり、プロっぽくておいしそうに見えます。
ただし陶器や磁器はお湯の熱を奪いやすく、お湯の温度が急激に下がってしまいやすい。このため、抽出前にはお湯で温めておくなどの配慮が必要です。

②金属
金属でも、加工しやすい銅製のものは古くからありました。こちらも雰囲気があり、少し高価なだけにプロの道具の印象があって、コーヒーもおいしく感じさせます。
銅は熱伝導率が高く、すぐにお湯の熱を奪ってしまいます。したがって陶器と同様に、抽出前に湯で温めておく配慮が必要になります。
近年多く登場しているドリッパーとフィルターが一体型の金属製のものは、フィルターのところ（115ページ）で紹介しましょう。

③樹脂
安価で扱いやすい素材として登場したのが、樹脂です。様々な素材の樹脂が使われています。陶器のように厚くしなくても作れるため、薄手で軽いのが特徴。形状の均一性が高く、安価にできるため、家庭用としても普及しています。現在も、新しい素材の樹脂を使ったドリッパーが登場しています。
薄くて熱を奪うこともありませんから、陶器のような配慮は不要です。

フィルターの種類と基礎知識

ハンドドリップによる抽出に欠かせないのが、フィルターです。フィルターも、メーカー各社から色々なものが発売されています。種類としては、最も普及しているペーパーフィルター、伝統的なネルフィルター、近年新たに登場して人気の金属フィルターがあります。これらを解説していきましょう。

ペーパーフィルター

家庭でもプロでも、最も多くの人が利用しているフィルターがペーパーフィルターです。

台形型、円すい型、円筒型と、ドリッパーの形状に合った形のペーパーフィルターを組み合わせて使います。その意味では、使うドリッパーの形状によって、ペーパーフィルターの種類は制限されることになります。

台形型や円すい形のドリッパーは大手メーカー各社から製品が販売されていますので、それに対応したペーパーフィルターも種類が豊富です。一方で円筒型ドリッパーに対応するフィルターは、まだそれほど種類が多くないようです。

ペーパーフィルターのメリットは、何と言っても初期費用が安価なこと。そして使い捨てで管理も簡単なこと。つまりコストパフォーマンスが高いことです。またペーパーフィルターで淹れると、コーヒーのオイル分や微粉が抜けにくいことから、クリアですっきりした味わいに仕上がります。

材質の特徴としては、白い漂白タイプと茶色がかった無漂白タイプがあります。かつては、漂白タイプは漂白剤の臭いが気になることがありましたが、技術の進んだ現在ではそのようなことはほとんどありません。無漂白のものはペーパーの香りが感じられるものがありますので、使われる際にはリンスをするなどの対応を心掛けてください。

構造的には、大きく分けてザラつきのあるタイプと、つるっとしたタイプがあります。

ザラつきのあるペーパーの方は、メーカー各社が独自の考えと技術で、色々な形のしわ加工を施したもので（右ページ写真上）、その分、表面積が多くなり、抽出が進んでも目詰まりもしにくくなっています。またメーカーによっては、構造を工夫してオイル分の抜けを良くしたものも販売されています。

つるっとしたタイプは、最も一般に普及しているもの。お湯の抜けがいいのが特徴ですが、後半にかけて目詰まりのためお湯の抜けに比較的時間がかかります。ただしつるっとしたタイプでも、新しい製品として最後までお湯の抜けが良く、世界大会で注目されたものもあります。

以上のように、ペーパーフィルターもメーカー各社が開発に力を入れて、新しい製品が登場しています。コーヒー豆に合わせ、狙う味が抽出できるよう選ぶようにしたいものです。

ネルフィルター

 古くから、コーヒー専門店などで用いられてきたのが、ネルフィルターです。オイル分も抽出されることから、ペーパーと次に述べる金属フィルターの"いいとこ取り"をしたフィルターで、コクも質感も感じさせるコーヒーになります。何より、職人の世界を感じさせる雰囲気もあります。

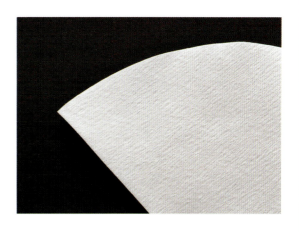

 ただし、管理が大変。使った後は付着したコーヒー粉を流水が洗い流し、水に浸けて冷蔵保存しなければならず、その水も毎日変える必要があります。しかも目詰まりしたら取り変えないといけない。したがって、よほど馴れるかゆとりがないと、難しいのがこのフィルターです。

 そこで、水洗いした後はジップロックに入れて密閉容器で冷凍保存するという手法があります。これだと水を取り替える必要はありません。　ただし、ジップロックごと密閉容器に入れないと、冷凍庫内の臭いを吸着してしまい、コーヒーが台無しになりますので、注意してください。

金属フィルター

 最後が、コーヒーフィルターの中での新しい素材の金属フィルターです。金属加工技術の発達によって、ステンレスや他の金属が使われています。金属製ながら薄くて軽く、しかも変形しづらいのが魅力。ドリッパーと一体型になっているものもあり、それらはそのままサーバーにのせて使えます。他のフィルターと異なり、繰り返し使えるエコな点も魅力です。

 構造的には、極薄の金属板に極小の穴が開けられており（写真下）、コーヒー粉を入れてお湯を注ぐと、その穴から抽出液が落ちてくるというもの。オイル分もサーバーに落ちてきますので、口当たりはボリュームがあります。ただし穴を通過する微粉もありますので、粉っぽくなる場合もあります。

 味覚がものすごく敏感な人には、金属臭を感じることもあります。それがどうしても気になる方は、金メッキされたものや、少し値は張りますが純金製のものを使うといいでしょう。

ドリップポットの選び方

　ドリッパーと並んで、ハンドドリップに欠かせないもう一つの道具が、ドリップポットです。ドリッパーと同様に、毎日使う上に、抽出時の味のコントロールを行う重要な道具です。色々な形・機能のドリップポットがメーカーから販売されていますが、実はドリップポット選びは非常に難しいものです。ここではその理由を説明しましょう。

　ドリップポット選びでは、見た目や使いやすさ以外にも、湯沸かし機能や湯温調整機能の付いたもの（ドリップケトル）など、機能面での多彩さを重視することもあると思います。ここではそれ以前に、ドリップポットを選ぶ際のチェックポイントを紹介します。

①注ぎ口（太さ）

　まずは、ドリップポットの注ぎ口です。注ぎ口は、メーカー各社の製品で違いがあります。その違いとは、注ぎ口の太さ・形状です。

　注ぎ口の太さに関しては、小さな面積のドリッパーに湯を注ぐには、なるべく細く注いで湯量をきめ細かくコントロールしたいと考えてしまうもの。あるいは、点滴で注湯したいから、より細い注ぎ口がいいのではないかと考える人がいるかもしれません。

　しかし湯量コントロールのことを考えると、それは必ずしも正しくはありません。なぜなら、細い注ぎ口から太くは注げませんが、逆に太い注ぎ口からはポットの傾け方を加減すれば細く注ぐことができるからです。

　したがって、細く注ぎたいという場合でも、あまり細い注ぎ口のものは選ばず、やや太めを選ぶようにするといいでしょう。

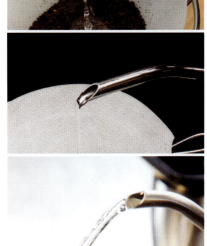

②注ぎ口（形状）

　次に形状です。よく見ると、注ぎ口の先端部分が、やや下を向いているものと、真横を向いているものがあります。これによって、抽出されるコーヒーは大きく変わります。なぜなら、同じように注いでも、下向きのものは湯が下の方に、横向きのものは遠くの方に向けて出ます。このことで、ドリッパー内のコーヒー粉の攪拌具合が変わるためです。

　ちなみに私は、抽出途中で湯温を変えるため、温度管理のできる2つのドリップケトルを併用しており、注ぎ口もそれぞれで変えています（写真右）。

　こうした注ぎ口の見極めは、実際に使ってみないと分かりませんし、人によって好みや注ぎやすいと感じるポイントは違いますので、どれが正解ということはありません。これが、ドリップポット選びが難しさにつながっています。見た目や雰囲気も大事ですので、まずは買ってみて、使い込むことで馴れるのがいいと思います。

③持ち手

　持ち手の形状も、使い勝手を大きく左右する部分です。僕が使っているドリップケトルのように、持ち手の先が本体から離れている形状のものもあれば、本体とくっついているものもあります。同じ量のお湯が入っていても、持ち手が離れている方は、腕にずしっと来る感じが比較的つよい気がします。

　これも、使う人の好き好きですし、次の項目とも関係してくるのですが、持ってみての全体のバランスもあります。形状的に使いにくいと思っても、馴れれば気にならなくなります。

　独立されている人であれば、ご自分の好みの形状を選べますが、お店に入られている方は「マイポット」を持ち込むことは難しいと思いますので、お店のドリップポットにひたすら馴れるよう使い込むようにするしかありません。

④重さとバランス

　ドリップポット選びの際に、もう一つ重要なポイントがあります。重さとバランスの確認です。ドリップポットは毎日使うものなので、重いものやバランスの合わないものだと、使っているうちに腕が疲れて抽出のブレの原因になります。また長期間使い続けると、無理な態勢から体のバランスを崩し、腱鞘炎になったり腰痛になったりと、身体を壊す原因にもなります。

　今はネットなどで販売されていますので、確かめないで手軽に買えてしまえます。しかしできれば、展示会などに行った際に機会を設けて実際に手に持って確かめることも大事です。

　例えば、似たような形のドリップポットがあって重さも同じくらいとしても、持ち手の微妙な形の違いで、傾けた時の腕にかかる重さが違ってきますし、使い勝手も違ってきます。写真だけでは分かりにくい部分です。

　最後に、持ってみて重さやバランスを確認する際の注意点としては、当たり前のことですが、使う際には中にお湯が入るということです。店頭では確認できませんので、中に液体が入っていることをあらかじめ予想した上で、重さを確認するようにしたいものです。

120   conclusion

FEE ROASTERS

おわりに

　2022年10月にオープンした僕の実店舗『Bespoke Coffee Roasters』。今年8月に入って、ようやくイスが入りました。実は1年以上、スタンディングだったのです。最寄駅から、徒歩だと15分以上かかりますから、歩いて来られたお客様にはくつろげなかったのでうが、これでゆっくりとコーヒーを楽しんでいただける態勢になりました。

　店以外では、仕事の関係でロブスタ種のQグレーダーの資格を取るための準備をしています。スペシャルティと同様に、ロブスタ種でも丁寧に作られている「ファインロブ」が登場しています。これまではアラビカ種のみで、ロブスタ種を扱うことなどなかったものですから、単純に知りたいという好奇心もあっての試みです。

　今回の本はブレンドのことがメインテーマでしたので、ロブスタ種など豆の品種のことについては、ほとんど触れませんでした。でも、何かの機会を見つけて品種を解説することもできればいいかなと思います。

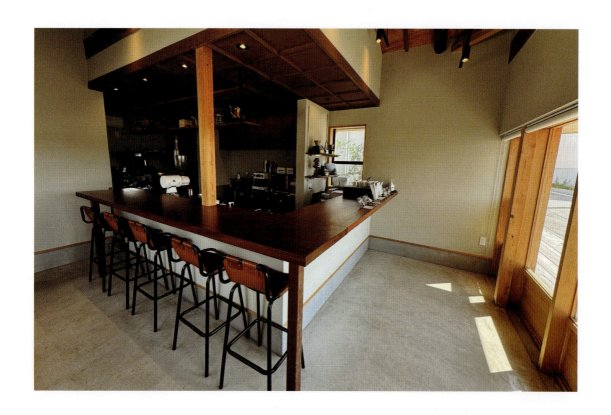

　僕が今考えているのは、コーヒーを取り入れたいけど勉強する時間がないなどの理由で、諦めている人にもできるスタイルです。高性能のドリップマシンを活用してできないか思っています。湯温のコントロール設定もできて、嫌な味を出さずにおいしいコーヒーが淹れられる。それを使って、カフェなどとは全く別の業種——例えば花屋さんなど——でもコーヒーが飲めるようになってほしいと思っています。

　抽出条件が整わない中では、僕の思うブレンドの味は出しにくいと思いますので、これまでは卸しのことはあまり考えていませんでした。しかし高性能マシンが手軽に使えるようになったら、そうした場所への豆の提供も考えられるのかなと期待しています。

　将来は、遠い将来は、日本でコーヒーを作りたいというのが僕の夢。日本は温暖化で温かすぎて、寒暖差があまりないので、屋内栽培が基本になると考えると、資金も相当稼がないといけないですが。

　いつもコーヒーのことを考えているのは、僕自身、おいしいコーヒーが飲める場所が増えるだけで嬉しいから。どこでもおいしいコーヒーが飲める世界ができればいいなと思います。そのためには、これからも、ブレンド、焙煎、抽出…いろんな知識で関わって、発信していきたいと思っています。

『Bespoke Coffee Roasters』畠山大輝

<お店紹介>

Bespoke Coffee Roasters（ビスポーク コーヒー ロースターズ）

2022年10月にオープンした、畠山氏が運営する実店舗で、店の奥には焙煎機も設置されている。場所は、東武線東武動物公園駅から徒歩15分ほど（車で約5分）の、築50年の平屋6戸をリノベーションした「セレクト横丁」の一角。スタッフが常駐しており、畠山氏がイベントや講習会等で不在の時も、氏のブレンドコーヒーが楽しめる（ただし焙煎は営業外の時間に行っている）。メニューはドリンクのみで、コーヒーはマイルドブレンドとビターブレンドにカフェラテの3種（すべて500円）に、りんごジュース400円。豆の販売も行っている。

■住所／埼玉県南埼玉郡宮代町道佛1-8-12 ROCCO
■URL／https://www.bespokecoffeeroasters-onlineshop.com/
■営業時間／11:00～17:00　　■定休日／不定休　　■席数／5席

<著者紹介>

畠山大輝　Daiki Hatakeyama

SCAJ主催の2019年「ジャパンブリューワーズカップ」「ジャパンハンドドリップチャンピオンシップ」の2冠同時優勝の快挙を達成。2021年のブラックコーヒーの世界一を決める「World Brewers Cup2021 in Milan」で準優勝。オープンサービスで提供したブレンドコーヒーは世界最高得点を獲得した。焙煎を通じてコーヒーの世界に入ったことから、抽出だけでなく焙煎にも力を注ぐ。バリスタ大会に競技者として参加する中、ブレンドコーヒーの魅力に目覚め、以後、独自のブレンド理論で行うブレンドコーヒーが話題に。2021年から始めた、毎月ブレンド内容が変わる「イノベーティブ・ブレンド定期便」が評判。2022年には実店舗『Bespoke Coffee Roasters』を開業（詳細は左ページ）。現在、店舗運営のかたわら、セミナーやイベントへの参加も積極的に行っている。季刊『カフェレス』（小社刊）への連載寄稿中。著書に『至高のコーヒーの淹れ方』（エクスナレッジ刊）もある。

創造する
ブレンドコーヒー技術

発行日　令和6年10月5日初版発行

著　者　畠山大輝

発行者　早嶋　茂

制作者　井上　久尚

発行所　株式会社旭屋出版

　　　　〒160-0005

　　　　東京都新宿区愛住町23-2ベルックス新宿ビルⅡ6階

　　　　郵便振替　00150-1-19572

　　　　販売部 TEL 03(5369)6423　　FAX 03(5369)6431

　　　　編集部 TEL 03(5369)6424　　FAX 03(5369)6430

旭屋出版ホームページ　https://asahiya-jp.com/

印刷・製本　株式会社シナノ　パブリッシングプレス

※許可なく転載、複写ならびにweb上での使用を禁じます。

※落丁、乱丁本はお取替えします。

※定価はカバーにあります。

©Daiki Hatakeyama,2024

ISBN978-4-7511-1528-2

Printed in Japan